DEAD DINOSAURS
BY MARTIN OLIVER

Text Copyright © Martin Oliver, 2000
Illustrations Copyright © Daniel Postgate, 2000
Translation Copyright © Gimm-Young Publishers, Inc., 2001
All rights reserved.

This Korean edition is published by arrangement with
Scholastic Ltd., London through Eric Yang Agency, Seoul.

앗, 이렇게 재미있는 과학이!

공룡이 용용 죽겠지

마틴 올리버 글 | 대니얼 포스트게이트 그림 | 이은숙 옮김

주니어김영사

공룡이 용용 죽겠지

1판 1쇄 인쇄 | 2001. 9. 20.
개정 1판 1쇄 발행 | 2019. 12. 5.
개정 1판 3쇄 발행 | 2023. 2. 27.

마틴 올리버 글 | 대니얼 포스트게이트 그림 | 이은숙 옮김

발행처 김영사 | 발행인 고세규
등록번호 제 406-2003-036호 | 등록일자 1979. 5. 17.
주소 경기도 파주시 문발로 197(우-10881)
전화 마케팅부 031-955-3100 | 편집부 031-955-3113~20 | 팩스 031-955-3111

값은 표지에 있습니다.
ISBN 978-89-349-9877-8 74080
ISBN 978-89-349-9797-9 (세트)

좋은 독자가 좋은 책을 만듭니다. 김영사는 독자 여러분의 의견에 항상 귀 기울이고 있습니다.
전자우편 book@gimmyoung.com | 홈페이지 www.gimmyoungjr.com

이 책의 한국어판 저작권은 EYA(Eric Yang Agency)를 통한 Scholastic Limited사와의 독점
계약으로 ㈜김영사에 있습니다.
저작권법에 의해 한국 내에서 보호를 받는 저작물이므로 무단전재와 무단복제를 금합니다.

이 도서의 국립중앙도서관 출판시도서목록(CIP)은 서지정보유통지원시스템
홈페이지(http://seoji.nl.go.kr)와 국가자료공동목록시스템(http://www.nl.go.kr/kolisnet)에서
이용하실 수 있습니다. (CIP제어번호 : CIP2019032142)

어린이제품 안전특별법에 의한 표시사항
제품명 도서 제조년월일 2023년 2월 27일 제조사명 김영사 주소 10881 경기도 파주시 문발로 197
전화번호 031-955-3100 제조국명 대한민국 ⚠주의 책 모서리에 찍히거나 책장에 베이지 않게 조심하세요.

차례

책머리에	7
공룡은 어떻게 세상에 알려졌을까?	11
공룡 시대	25
어마어마한 공룡 가족	43
환상적인 화석들	53
먹는 건 다 좋아!	68
고리타분한 고생물학자	87
출동, 공룡 탐정!	109
공룡은 어떻게 사라졌는가?	127
맺는 말	135

책머리에

오늘날 지구상에 공룡이 존재하지 않는다는 것은 확실하다. 공룡은 상상도 할 수 없을 정도로 오래오래 전에 완전히 자취를 감추었다. 멸종한 새 도도보다 훨씬 오래 전에.

그런데도 수천만 년 전에 사라진 공룡에 대한 사람들의 관심은 갈수록 커지고 있다. 대체 왜 그렇게 공룡에 관심을 가질까? 지나간 일을 들춰 내는 것만큼 짜증나는 일도 없는데….

공룡이 사람들의 관심을 끄는 이유는 여러 가지가 있지만, 그 중 하나는 공룡의 몸집이 어마어마하게 크다는 점이다. 육식 공룡 중 가장 몸집이 큰 티라노사우루스는 키가 6m가 넘었다. 그리고 15m가 넘는 큰 키를 자랑한 키다리 초식 공룡 슈퍼사우루스는 뱀처럼 생긴 긴 목을 쭉 뻗어 5층 높이의 창문 안도 거뜬히 들여다볼 수 있었다(당시에 그런 건물이 있었다면).

공룡이 인기를 끄는 또 다른 이유는 괴상한 생김새 때문이다. 공룡 중에서도 가장 특이하게 생긴 녀석을 꼽으라면, 단연코 트리케라톱스가 최고다. 짤막한 다리에 머리에는 뿔이 세 개나 달린 트리케라톱스는 '괴상한 동물 선발 대회'에 나간다면 가장 유력한 우승 후보이다.

화석을 보고 나서 공룡에 푹 빠져드는 사람도 있고, "왜 공룡이 지구상에서 갑자기 사라졌을까?" 하는 수수께끼를 풀기 위해 평생 동안 공룡 연구에 매달리는 사람도 있다. 정말로 공룡 화석을 발견한다고 상상해 보라. 소름이 끼칠 정도로 스릴이 넘치겠지? 그러나 그건 아무것도 아니다. 화석 조각들을 맞추면서 그 공룡이 어떤 모습이었는지, 어떻게 살았는지 알아 낼 때의 기쁨은 정말로 이루 말로 표현할 수 없을 정도이다. 그렇지만 아직 공룡에 대해 밝혀지지 않은 것이 너무도 많고, 또 사람마다 내세우는 의견도 가지각색이다.

화석 등을 통해 공룡이나 먼 옛날에 살았던 생물을 연구하는 사람을 '고생물학자'라고 한다. 고생물학자는 탐험가인 동시에 과학자이자 탐정도 되어야 한다. 그러면 고생물학이 굉장히 재미있는 분야로 생각되겠지만, 고생물학자들이 하는 괴상한 말들을 들으면 금방 머리에 쥐가 날 것이다. 대부분의 고생물학자는 지질학(화석이 발견된 지역의 암석을 연구하는 분야)과 동물학에도 박사이다. 누구든 자기 분야에 정통한 전문가가 되기 위해서는 거기에 관련된 모든 것을 알아야 한다는 것은 두말할 필요도 없겠지?

풀이 : 사자는 고양이과에 속하며, 네 발로 기어다니는 전형적인 육식 동물이다.

풀이 : 사자는 살금살금 먹이감에 접근한 다음에 덮치는데, 이녀석은 두 발로 걷는 사람을 뒤쫓느라 작은 초식 동물은 눈에 보이지도 않는다.

풀이 : 사자가 날카로운 앞니를 드러내고 덮치려는 순간, 나는 이렇게 마음을 정했다. **튀자!**

가끔 길고 어려운 학술 용어 때문에 짜증날 때도 있겠지만, 여러분은 이 책에서 옛날에 지구를 활보했던 가장 크고 신기한 동물들에 대해 훤히 알 수 있게 될 것이다. 자, 그럼 지금은 죽어 없어졌지만, 한때 지구상에서 전성기를 누렸던 신비로운 공룡의 세계로 들어가 그들은 어떻게 살았고, 어떻게 최후를 맞이했는지 모든 것에 대해 알아보기로 하자.

공룡에게 어떤 재앙이 닥쳤고, 공룡은 무엇을 먹고 살았으며, 좀 지저분하지만 공룡의 배설물에 대해서도 알아볼 것이다. 또, 공룡이 상식과는 달리 정말로 정온 동물이었는지, 그리고 새의 조상이었는지에 대해서도 살펴볼 것이다. 또, 티라노사우루스를 법정에 세우고, 여러분이 탐정이 되어 사건을 풀고, 친구들에게 공룡에 대한 퀴즈를 던지는 시간도 가질 것이다. 이 모든 것을 통해 여러분은 놀라운 사실들을 많이 알게 될 것이다. 어떤 것이건 간에, 여러분은 정말로 재미있고 신나는 시간을 갖게 될 것이다. 절대 지루할 리는 없으니까 안심하도록!

공룡은 어떻게 세상에 알려졌을까?

최초의 공룡 발견

수백만 년 전에 멸종한 공룡을 처음으로 발견한 사람은 누구일까? 이 질문에 대한 답을 찾으려면 1822년의 영국 서식스 주의 조용한 시골로 시간을 거슬러 올라갈 필요가 있다.

조지 4세가 다스리고 있던 그 당시 사람들은 평화롭고 조용한 나날을 보내고 있었다. 그나마 사건이라면 9년 전에 탐험가 요한 부르크하르트(Johann Burkhardt)가 나일 강을 따라 내려가는 모험 끝에 발견한 파라오의 놀라운 유적을 유럽에 소개한 일이 있을 뿐이었다. 그러나 1822년 그 날, 엄청난 발견과 함께 한적한 시골의 평화는 산산조각나고 말았다. 바로 6500만 년 동안 묻혀 있던 공룡의 비밀이 세상에 드러났기 때문이다.

의사인 기디언 맨텔(Gideon Mantell)은 아내 메리와 함께 환자를 방문하기 위해 집에서 나섰다. 커크필드로 향하는 거친 길 위로 햇실이 김미롭게 내리쬐었고, 메리는 아름다운 들판을 보고 감탄하였다. 그러나 남편 맨텔은 골똘히 생각에 잠겨 있었다.

"아직도 그 책 생각 하고 있어요?"

메리가 묻자, 맨텔은 고개를 끄덕였다. 그는 『사우스다운스의 화석』이란 책을 자랑스럽게 생각했다. 화석에 깊은 관심을 갖고 수 년 동안 꽤 많은 화석을 모아 온 맨텔은 오래 전부터 화석에 대한 책을 쓰고 싶어했는데, 마침내 그것을 완성

한 것이다. 메리도 그의 작업을 도왔지만, 책을 완성하기까지는 예상보다 훨씬 오랜 시간이 걸렸다.

"잘 돼야 할 텐데…." 그는 생각했다. 화석을 수집하는 데 너무 많은 시간을 쓰는 바람에 의사로서의 일을 소홀히 했다는 이야기는 차마 아내에게 할 수 없었다. 속으로 이런저런 걱정을 하는 동안에 어느 새 환자의 집에 도착했다.

"당신도 함께 들어가지 않겠소? 그리 오래 걸리지는 않을 텐데." 맨텔이 현관 계단에서 말했다.

"전 산책이나 할래요. 이런 날씨에 갑갑하게 집 안에 있고 싶지 않아요. 걱정 말아요. 금방 돌아올 테니까요." 메리는 손을 흔들며 돌아섰다.

그녀는 가벼운 발걸음으로 마을을 벗어나 좀전에 지나왔던 들판으로 나왔다. 그리고 상쾌한 공기를 깊이 들이마셨다. 따사로운 햇살 아래서 천천히 길을 따라 걸으면서 그녀는 노래를 흥얼거리기 시작했다. 그렇게 몇백 미터쯤 지나서 모퉁이를 돌아섰을 때, 도로 공사를 하고 있는 사람들이 보였다. 일을 하던 사람들이 잠시 일손을 멈추고 미소를 지으면서 메리

가 길가에 쌓인 돌무더기를 피해 조심스럽게 발걸음을 옮기는 것을 쳐다보았다.

 메리가 다시 발걸음을 옮기려는 순간, 그녀의 눈에 뭔가 확 뜨이는 게 있었다. '저게 뭘까?' 왼편에 좀 색다르게 보이는 돌무더기가 있었다. 반짝반짝 윤기도 났고, 생김새도 좀 특이했다.

 좀더 자세히 살펴봐야겠다고 생각한 메리는 돌무더기를 향해 몸을 구부렸다. "이것들은 화석이 분명해. 하지만, 지금까지 보던 것하고는 전혀 다르네. 남편이 쓴 책에는 이런 화석에 대한 이야기는 전혀 없었는데…." 메리는 중얼거렸다.

 메리는 그 화석을 가져가 남편에게 물어 보아야겠다고 생각했다. 두근거리는 가슴으로 그 이상한 화석들을 주운 메리는 남편이 있는 환자의 집으로 향했다. 그 곳에 다다랐을 때, 남편은 메리를 기다리고 있었다.

 맨텔은 자신을 향해 뛰어오는 아내를 보았다.

 "여보, 왜 그래? 무슨 일이라도 있었어?"

 그녀는 "아뇨, 당신이 아주 흥미로워할 물건을 발견했어요.

자, 봐요!" 메리는 남편에게 이상한 화석들을 보여 주었다. "저 쪽 길가의 돌무더기에서 발견한 거예요. 화석 같긴 한데, 생전 처음 보는 거예요."

"음, 이리 줘 봐. 내가 보고 가르쳐 주지." 맨텔은 자세히 보기 위해 그 돌덩이들을 집어들면서 자신 있게 말했다. 그것들을 살펴보던 그는 처음에는 당황하는 것 같더니, 곧 흥분한 표정을 감추지 못했다. "당신 말대로야. 정말 대단한 걸 발견했군! 이것들은 나도 처음 보는 거야. 어디서 발견했지?"

메리는 그것들을 발견한 곳을 이야기했고, 두 사람은 곧 그 곳으로 다시 갔다. 그 곳에 가는 도중에도 맨텔은 그 돌들을 손에 쥐고 요리조리 살펴보았다. '대체 어떤 동물의 화석일까?' 그러나 어떤 그럴듯한 답도 떠오르지 않았다.

두 사람은 곧 도로 공사를 하고 있는 일꾼들과 그 옆에 있는 돌무더기를 찾아 냈다.

"실례합니다만, 공사 감독을 좀 만나 볼 수 있을까요?" 맨텔이 물었다.

"내가 감독이오만, 무슨 일인가요?" 덩치 큰 사내가 이마의 땀을 훔치며 앞으로 나섰다.

"네, 이 돌들이 어디서 나온 건지 알고 싶어서요. 그 길에서 파낸 건가요? 아니면, 다른 데서 가져온 건가요?"

맨텔이 묻자, 감독은 머리를 긁적이면서 "아, 그건 이 근처에서 나온 겁니다. 저기 채석장에서 캐낸 거죠. 이 일에 대해

뭐라고 불평한 사람은 아무도 없었는데요?" 하고 대답했다.

"저도 불만이 있어서 그런 건 아닙니다. 고맙습니다. 그런데 채석장으로 가는 길 좀 가르쳐 주시겠습니까?"

맨텔 부부는 채석장으로 향했다. 맨텔은 이미 마음 속으로 계획을 세웠다. 그리고 그 계획을 아내에게 이야기해 주었다. "채석장에 도착해 특이한 돌이 나오면 모두 따로 모아 달라고 부탁하는 거야. 그래서 화석이 좀더 나온다면, 그것들을 가지고 전문가를 찾아갈 거야. 내 생각엔 우리가 뭔가 굉장한 걸 발견한 것 같아. 오늘이 우리 생애 최고의 날이 될 것 같은 기분이 든다구…."

맨텔이 세운 계획은 순조롭게 잘 진행되었다. 그의 예상대로 채석장에서는 또 다른 화석들이 발견되었다. 그런데 그 다음에는 어떻게 되었을까?

a) 맨텔은 그 화석이 멸종한 어떤 거대한 동물이라고 주장하면서 전문가들에게 보여 주었다. 그러나 아무도 그의 말을 믿으려 하지 않았다. 그래서 맨텔은 화석에 대한 관심을 끊고 의사의 일에 전념했다. 결국 그 화석은 맨텔의 다른 수집품들과 함께 방치되어 있다가 세월이 한참 흐른 후에야 비로소 빛을 보게 되었다.

b) 전문가들은 맨텔의 이론을 받아들이지 않았지만, 그는 포기하지 않았다. 결국 그는 그 화석들이 이구아나라고 하는 도마뱀의 이빨과 비슷하다는 것을 확인한 후, 자신이 발견한 것을 발표했다. 그러나 맨텔은 부나 명성은 얻지 못했다. 맨텔의 아내는 그를 떠났고, 그는 파산을 모면하기 위해 모아 온 화석을 헐값에 팔아야 했다.

c) 전문가들은 맨텔이 발견한 화석에 큰 관심을 가졌다. 그들은 열띤 토론을 거친 후, 그 화석들이 몸집이 큰 이구아나의 뼈와 이빨이라고 확인했다. 맨텔은 천재로 인정받았고, 여러 과학 학회에서 열렬한 환영을 받았다. 그리고 곧 굉장한 부자가 되었다. 그래서 의사 일을 집어치우고, 화석 연구를 하면서 여생을 보냈다.

답 : b)

비록 전문가들은 인정해 주지 않았지만, 맨텔은 새로 발견한 화석을 계속 연구했다. 그러던 중 왕립의과대학의 박물관에서 우연히 이구아나 전문가를 만나 자신이 발견한 화석이 이구아나의 이빨과 비슷하다는 사실을 알게 되었다. 다만, 맨텔이 발견한 이빨 화석은 이전에 발견된 화석들보다 훨씬 컸다. 이 사실이 확인되면서 맨텔의 이론은 인정을 받게 되었고, 그는 1825년에 거대한 새로운 파충류에 대한 연구 결과를 발표했다. 맨텔은 자신이 발견한 화석이 이구아나의 이빨과 관련이 있기 때문에 그 화석의 동물을 이구아노돈(iguanodon)이라 이름붙였다. 맨텔은 갈수록 화석에 점점 더 깊이 빠져들었고, 세상을 등지고 살다가 역사적인 발견을 한 1822년의 봄날로부터 30년 후인 1852년에 쓸쓸히 세상을 떠났다.

★ 요건 몰랐을걸!

비록 기디언 맨텔은 공룡을 처음 발견한 사람으로 역사에 기록되긴 했지만, '공룡', 즉 영어로 dinosaur란 말을 처음으로 쓴 사람은 아니었다. 그 말을 처음으로 쓴 사람은 영국의 유명한 과학자 리처드 오언(Richard Owen)으로, 1841년 7월 30일 금요일에 한 강연에서 그 말을 사용했다. 그 무렵에는 이미 많은 화석들이 발굴되었기 때문에, 오언은 지금은 멸종해 존재하지 않지만 인류보다 수백만 년이나 앞서 지구상에 존재했던 파충류가 있었다고 주장했다. 그는 '무시무시한'이란 뜻의 그리스어 '데이노스(deinos)'와 '도마뱀'이란 뜻의 '사우루스(saurus)'를 합쳐 dinosaur란 말을 만들어 냈다.

최초의 고생물학자들

화석에 큰 관심을 가졌던 맨텔이 이구아노돈의 화석을 처음으로 발견하긴 했지만, 그가 최초의 고생물학자는 아니었다. 맨텔보다 11년 앞서 메리 애닝(Mary Anning)이란 열한 살 먹은 소녀가 쥐라기에 존재했던 거대한 바다 동물인 어룡의 뼈를 발견했던 것!

메리 애닝의 발견으로 고생물학은 한층 더 활기를 띠게 되었다. 점점 많은 사람들이 화석을 찾아나섰고, 그 결과 많은 화석이 발견되었다. 사람들은 "이것은 얼마나 오래 되었을까?", "왜 우리가 알고 있는 동물과 비슷하게 생기지 않았을까?"와 같은 의문을 품기 시작했다.

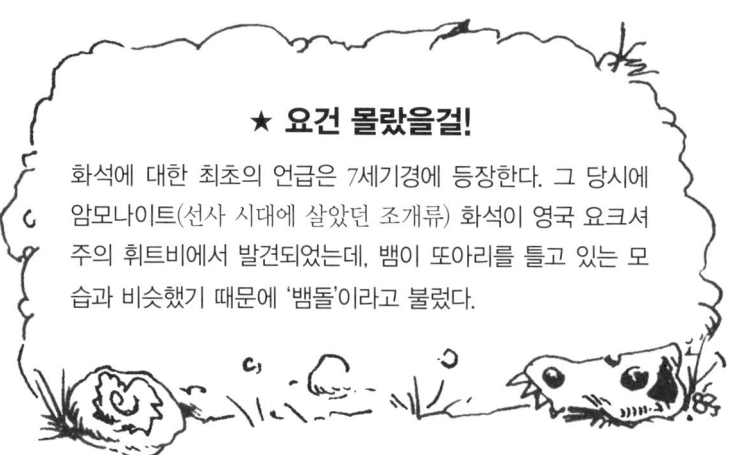

★ 요건 몰랐을걸!

화석에 대한 최초의 언급은 7세기경에 등장한다. 그 당시에 암모나이트(선사 시대에 살았던 조개류) 화석이 영국 요크셔 주의 휘트비에서 발견되었는데, 뱀이 또아리를 틀고 있는 모습과 비슷했기 때문에 '뱀돌'이라고 불렀다.

최초의 문제들

요즘은 공룡이나 어떤 생물에 대해 궁금한 점이 있으면, 그것을 다룬 책들을 얼마든지 찾아볼 수 있다. 그러나 1800년대 초에는 그런 의문에 대해 도움을 줄 수 있는 책이 딱 한 권뿐이었는데, 그것은 바로 성경이었다. 그 당시 교회는 유럽에서 사람들의 삶에 가장 강한 영향력을 미쳤고, 사람들은 성경에 쓰여진 말을 그대로 믿었다.

성경에 따르면, 하느님은 엿새 동안 하늘과 땅과 모든 생물을 창조한 뒤에 일요일에는 휴식을 취했다고 한다. 그런데 불행하게도, 사람들은 하느님의 그 힘든 노고에 그다지 감사해하지 않았고, 못된 짓을 저지르기 시작했다. 그러자 하느님은 사람들을 벌하기 위해 큰 홍수를 일으켜 모든 생물을 죽였다. 단, 노아 가족과 노아의 방주에 탄 동물만 살려 두었다. 세상을 삼켰던 물이 서서히 빠지자, 노아는 방주에서 내려 육지로 돌아왔다. 따라서, 성경에 따르면 오늘날 지구상에 존재하는 모든 사람과 동물은 노아의 방주에 탔던 사람과 동물의 후손인 셈이다.

사람들은 수백 년 이상 그 이야기를 믿었고, 지금도 그렇게 믿는 사람들이 있다. 그러나 지질학자들이 지구와 화석을 더욱 자세하게 연구한 결과, 다른 이론들을 내놓기 시작했다. 물론 교회측은 그걸 좋아할 리가 없었다. 그야 당연하지! 누구든 자기가 틀렸다는 말을 듣고 좋아할 사람은 없으니까. 선생님한테 한번 시험해 보라구!

그 결과, 과학자들과 교회 사이에 싸움이 시작되었다.

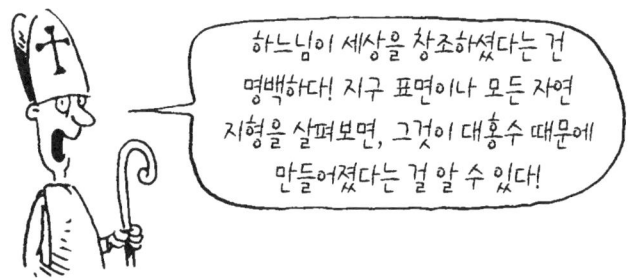

지질학자 찰스 라이엘(Charles Lyell ; 1797~1895)은 1831년에 교회의 주장에 대해 이렇게 반박했다.

지구의 탄생에 관한 새로운 이론들이 나오기 시작하자, 고생물학자들은 특이한 모습을 한 동물 화석이 어떻게 생겨났는지 교회측이 제시한 설명에도 의문을 품기 시작했다.

이러한 의문들이 계기가 되어 그 당시 위대한 과학자들이 연구에 뛰어들었다. 그들은 화석을 현재 살아 있는 동물의 뼈와 비교하여 그 차이점을 설명할 수 있는 이론을 만들어 냈다. 처음에는 잘못된 이론들도 있었지만, 결국 그들은 진실에 접근할 수 있었다.

진실에 거의 가까웠던 이론

장-밥티스트 피에르 앙투안 드 모네 슈발리에 드 라마르크 (Jean-Baptiste de Monet, Chevalier de Lamarck ; 1744~1829)는 동물에 관심이 많았던 프랑스의 가난한 귀족이었다. 그는 동식물의 특성은 환경 변화에 따라 변할 수 있으며, 그런 특성은 후손에게 전달된다고 믿었다. 지금은 라마르크의 이론 중 많은 부분은 옳지 않은 것으로 밝혀졌지만, 그는 동물이 진화하며 그 변화를 다음 세대에 전해 줄 수 있다고 생각한 최초의 사람이었다. 찰스 라이엘이 쓴 책과 함께 라마르크의 이론은 훗날 위대한 이론을 탄생시키는 토대가 되었다.

딱 맞아 떨어지는 이론

1859년, 찰스 다윈(Charles Darwin ; 1809~1882)은 『자연 선택에 의한 종의 기원』이라는 책을 내놓았다. 제목도 거창한 이 책(보통 줄여서 『종의 기원』이라 부른다)은 정말 대단한 이론을 담고 있었다. 많은 동식물을 관찰한 결과를 바탕으로 만든 그 이론의 요점은 다음 네 가지이다.

요점 1 : 자연 선택

자연은 먹느냐 먹히느냐 하는 험난한 생존 경쟁의 장이라는 사실을 다윈은 깨달았다. 즉, 가장 빠르거나 가장 영리하거나 자연 환경에 가장 잘 적응할 수 있는 동물만이 살아남을 수 있다!

요점 2 : 같지만 남달라야 한다

다윈은 모든 종의 동물들 중 일부는 생존하는 데 유리한 어떤 특성을 갖고 태어난다는 사실을 발견했다. 예를 들면, 다른 친구들보다 뛰어난 위장술을 갖고 태어난 동물은 포식 동물의 공격을 피하는 데 더 유리하다.

요점 3 : 새끼를 많이 낳아야 유리하다

후손을 많이 남길수록 자신의 유전자가 후손을 통해 살아남을 확률이 높고, 그 종이 오래 살아남을 수 있다.

요점 4 : 혁명적인 생각

따라서, 세대가 거듭될수록 동물의 적응 능력은 더욱 나은 방향으로 발전할 것이다. 다윈의 이론은, 왜 동물들이 오랜 시간에 걸쳐 모습이 변했는지, 또 왜 어떤 동물들은 성공적으로 진화하지 못하고 멸종했는지 설명해 주었다.

다윈의 이론은 너무나 혁명적인 것이었다. 그래서 그가 책을 완성하는 데에는 자그마치 20년이나 걸렸다. 그 책은 당시에 큰 소동을 불러일으켰다. 심지어 지금도 다윈의 진화론에 반대하는 사람들이 있다. 그렇지만 다윈의 이론은 공룡 연구에 아주 중요하다. 처음 공룡이 발견되었을 때, 사람들은 공룡이 대홍수 이전에 살았던 거대한 괴물이었다는 교회의 설명을 믿었다. 그러나 다윈과 여러 과학자들의 연구를 바탕으로 고생물학자들은 공룡 화석을 과학적으로 연구하기 시작했다. 그 결과, 오늘날에는 공룡들이 지구를 지배하던 긴 시간에 걸쳐 어떻게 진화했으며, 또 오늘날의 동물들과 비교를 통해 어떻게 살아갔는지도 알 수 있게 되었다.

혹시 여러분은 처음에 서로 엇갈리는 주장 때문에 열띤 논쟁을 벌였던 과학자들이 이제는 논쟁하는 데 질렸을 거라고

생각할지도 모르겠다. 그렇다면 그건 오산이다. 기디언 맨텔이 공룡 화석을 발견하면서 시작된 논쟁은 갈수록 점점 가열되었고, 고생물학자들은 공룡에 더욱더 깊이 빠져들고 있다.

공룡 시대

공룡은 아주아주 오래 전에 살았기 때문에 언제쯤 살았는지 추측하는 것은 가장 어려운 문제 중 하나이다. 예를 들어 몇 년 전의 일을 한번 생각해 보라. 여러분이 마지막으로 용돈을 올려받은 것이 언제였지? 만약 그것이 2년 전이었다면, 거기에 3을 곱하고, 다시 1000을 곱한 다음, 그것을 2배로 한 다음, 다시 2배를 하더라도, 공룡이 살던 시대까지 가려면 아직도 멀었다.

공룡이 최초로 진화한 것은 약 2억 4500만 년 전이었다. 그리고 약 6500만 년 전에 갑자기 지구상에서 사라졌으니까, 공룡 시대는 약 1억 8000만 년 동안 계속된 셈이다. 이해를 좀 더 쉽게 하기 위해 이렇게 생각해 보자. 최초의 생명체가 지구상에 출현한 이래 흐른 시간을 1년으로 압축한다고 상상해 보자. 최초의 생명체가 나타난 것이 1월 1일이라면, 공룡은 12월 5일에 출현하여 12월 24일에 멸종했다. 그리고 사람은 12월 31일이 끝나기 몇 초 전에 겨우 나타났다.

지구상의 생명의 역사를 1년으로 본다면…

좀 끼워 줘요!

1월 2월 3월 4월 5월 6월 7월 8월 9월 10월 11월 12월

공룡 시대 동안 지구의 지형과 날씨, 그리고 식물들은 계속 변했고, 수많은 종류의 공룡이 나타났다가 사라져 갔다. 그러나 고생물학자들도 언제 그런 일들이 일어났는지 정확하게 알진 못한다. 그렇지만 공룡 시대에 신문이 있었더라면, 아마도

다음과 같은 기사들이 신문의 1면을 장식하지 않았을까?

트라이아스기 신문
2억 4500만 년 전~2억 년 전

새로운 시대가 동트다
트라이아스기에 오신 것을 환영합니다! 이제 곧 매혹적인 시대의 막이 오르고, 공룡들의 큰 축제가 열릴 것이다. 이전에 존재했던 동물들의 자리를 공룡들이 대신 차지할 것으로 예상된다.

트라이아스 초기
수궁류(獸弓類)가 우리 곁을 떠났다는 슬픈 소식을 전한다. 몸에 털이 나고, 포유류와 비슷하게 생긴 이 파충류는 안타깝게도 이제 지구상에서 사라지게 되었다. 그러나 기쁜 소식도 있다. 우리는 도마뱀과 비슷하게 생긴 조룡류(祖龍類)라는 작은 파충류 무리를 맞이하게 되었다.

라고수쿠스(*Lagosuchus*)
이름 : 라고수쿠스
조룡류 가족 중 대표적인 초기 멤버.
몸 길이 : 30 cm
취미 : 사냥
좋아하는 음식 : 곤충, 땅벌레
특징 : 날카로운 이빨과 긴 다리, 사냥에 이상적인 날렵한 몸매

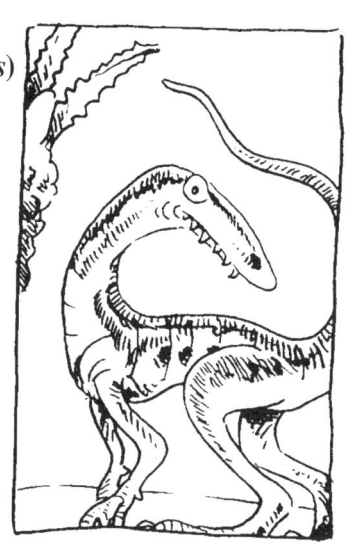

트라이아스 중기

초기의 조룡에게 작별을 고하고, '공룡' 이라는 새로운 종류의 동물을 맞이하게 되었다. 이 초기의 공룡들은 대부분 포식 동물이다.

트라이아스 말기

식물만 먹는 최초의 초식 공룡들을 반갑게 맞이하자.

에오랍토르(*Eoraptor*)

이름 : 에오랍토르
최초로 출현한 공룡 중 하나
몸 길이 : 약 1 m
취미 : 사냥
좋아하는 음식 : 작은 파충류
특징 : 라고수쿠스에서 진화한 종으로, 라고수쿠스보다 좀더 체격이 크고 달리기도 빠름. 발톱과 이빨도 더 큼.

안키사우루스
(*Anchisaurus*)

이름 : 안키사우루스
초기의 초식 공룡
몸 길이 : 2.5 m
좋아하는 음식 : 식물
특징 : 안키사우루스는 긴 목을 자랑한다. 튼튼한 발에는 크고 구부러진 발톱이 달려 있어 나무나 덤불에서 잎을 뜯기에 편리하다.

트라이아스기의 유행
공룡들 사이에서는 몸집이 큰 것이 인기를 끄는 것 같다. 공룡들의 몸집은 계속 커지는 방향으로 진화하고 있다. 이 유행은 조금도 사그라들 기미가 보이지 않는다.

일기 예보

전반적으로 따뜻하고 온화하다. 해안 지방에서는 거센 바람이 불고 한 차례 소나기가 예상되지만, 내륙 지방에서는 불볕 같은 더위가 계속될 것이다.

여행 안내 코너

이 무렵에는 지구의 모든 육지가 하나의 거대한 대륙으로 연결돼 있었기 때문에 공룡들이 어슬렁거리며 여행하기에는 아무 불편이 없었다(참고 : 이 거대한 하나의 대륙은 '전체 지구'라는 뜻으로 '판게아(Pangaea)' 또는 '초대륙'이라고 부른다).

여행 정보 — 무더운 곳을 피하라!

수많은 종의 동식물이 사라진 원인을 분석한 결과에 따르면, 공룡들에게 무더운 지역을 여행하는 것은 피하라고 충고하고 싶다. 예컨대, 판게아의 거대한 사막 지역은 절대로 가지 말아야 한다! 사라져 간 동물들에게 무슨 일이 일어났는지는 아무도 정확하게 모르지만, 가뭄이나 갑작스런 모래 바람으로 죽었을 가능성이 높다(참고 : 공룡들의 뼈는 비틀어진 상태로 발견되었다).

자연 소식

우리 신문에 새로운 코너를 신설하게 되었다. 트라이아스기의 경치를 보여 주는 위의 사진은 자연 애호가들을 위한 것이다. 호숫가와 개울가에는 양치 식물이 자라고, 좀더 건조한 곳에는 삼나무를 비롯해 키 큰 침엽수가 무성하게 자란다.

깜짝 퀴즈 코너

달팽이   도롱뇽   뒤쥐   개구리   거북

이 퀴즈를 풀면서 잠깐 머리를 식혀 보시라! 위의 그림에 나온 트라이아스기의 동물들과 그 이름을 맞게 짝지어 보라.

쥐라기 신문
2억 년 전~1억 3500만 년 전

공룡이 지구를 지배하다
이것은 공식적으로 인정된 사실이다. 쥐라기에 공룡은 지구에서 가장 번성한 동물이었다. 공룡은 다른 어떤 동물보다 날씨 변화와 환경 변화에 잘 적응해 왔다. 그 결과 쥐라기에 들어와 공룡은 사상 유례 없이 많은 종류가 나타났다. 공룡의 성공담은 앞으로도 계속될 것인가? 쥐라기 신문을 계속 구독하시라.

쥐라기 초기
몸집이 작은 초기의 초식 공룡들이 사라지고, 몸집이 큰 초식 공룡인 용각류(龍脚類)가 최초로 등장했다. 또, 새로 진화한 공룡들도 대거 등장했는데, 레소토사우루스를 비롯해 새처럼 생긴 두 발로 걸어다니는 작은 공룡들이 그들이다.

쥐라기 중기
몸집이 큰 초식 공룡에 이어 수각류(獸脚類)에 속하는 거대한 육식 공룡들이 나타났다.

쥐라기 말기

몸집이 더욱 커진 초식 공룡, 디플로도쿠스가 나타났다. 디플로도쿠스가 멸종한 뒤에는 그것보다 훨씬 큰 공룡들이 그 자리를 대신한다. 스테고사우루스도 모습을 드러냈다.

디플로도쿠스(*Diplodocus*)

이름 : 디플로도쿠스
용각류에 속하는 초식 공룡
몸 길이 : 27 m
취미 : 먹기
좋아하는 음식 : 식물
특징 : 디플로도쿠스는 네 다리로 걸어다니며, 꼬리와 목이 매우 길다. 긴 목은 높은 나무의 잎을 따 먹기에 좋다.

알로사우루스(*Allosaurus*)

이름 : 알로사우루스
('이상한 파충류' 란 뜻)
수각류에 속하는 강한 육식 공룡
몸 길이 : 11 m
좋아하는 음식 : 스테고사우루스 같은 거대한 초식 공룡
특징 : 긴 꼬리와 강한 발, 날카롭고 커다란 발톱

브라키오사우루스 (*Brachiosaurus*)

이름 : 브라키오사우루스
용각류에 속하는 거대한 초식 공룡
몸 길이 : 23 m, 키는 12 m
좋아하는 음식 : 식물
특징 : 엄청나게 큰 몸집과 몸무게. 네 발로 걸어다님. 몸무게가 40톤이 넘는다(코끼리의 무려 8배!).

쥐라기의 유행

일부 공룡들이 계속해서 몸집을 키워 간 것은 두말할 필요도 없다. 브라키오사우루스는 몸 크기에서 디플로도쿠스를 비롯해 이전의 모든 공룡들을 앞질렀다.

일기 예보

전반적으로 따뜻하고 온화하다. 그렇지만 더 많은 비가 내릴 것으로 예상되며, 바다가 해안 지역을 침식하고, 내륙으로 넘쳐 사막 지역까지 흘러들기 시작한다.

여행 안내 코너

판게아가 두 대륙으로 쪼개지면서 여행하기가 힘들어졌다 (나중에 과학자들은 북쪽의 대륙을 로라시아, 남쪽의 대륙을 곤드와나라고 이름붙인다). 더구나 화산 폭발로 육지 곳곳에서 용암이 분출하고, 바닷물이 육지로 흘러넘쳐 새로운 호수들이 생겨나고, 사막도 물로 뒤덮임에 따라 여행은 더욱 어려워질 것으로 전망된다. 공룡들은 돌아다니는 대신, 집안에서 새로운 환경에 적응할 준비를 하는 게 좋을 것이다.

여행 정보 — 끈적끈적한 곳을 조심하라!
가능하다면 타르 웅덩이는 피하도록 하라. 일단 공룡이 그 곳에 빠지면 아무리 애를 써도 오히려 타르 속으로 점점 더 깊이 빠져들고 말 테니까. 그리고 거기서 끈적끈적한 최후를 맞이하게 된다.

자연 소식
속새 같은 새로운 식물이 나타났다. 이 소식에 초식 공룡들이 굉장히 좋아했겠지? 그러나 막상 그런 식물들이 나타났을 때, 초식 공룡들은 말 한 마디 하지 않았다. 먹느라고 정신이 없어서.

깜짝 퀴즈 코너

평소에 자신의 관찰력이 뛰어나다고 자신하는지? 공룡들과 함께 살았던 아래의 동물들 중 여러분이 주변에서 볼 수 있는 것은 어떤 것인지 알아맞혀 보라.

벌―이 곤충은 쥐라기 말기에 윙윙거리는 소리를 내면서 등장했다.

뒤쥐와 비슷한 포유류―온몸이 털로 뒤덮인 이 작은 동물은 땅굴을 파고 살지만, 땅 위로 올라와 돌아다니기도 한다.

사경룡과 어룡―공룡 시대에 바다를 지배한 동물들

익룡―공룡 시대에 하늘을 날아다니던 파충류

백악기 신문
1억 3500만 년 전~6500만 년 전

공룡 시대는 얼마나 오래 계속될까? 아마도 '영원히' 계속될 것 같다. 최초의 공룡이 나타난 지 1억 년 이상이 지났지만, 아직도 새로운 공룡들이 계속 나타나고 있다. 그 동안에 사라져 간 종도 있지만, 더 발달된 새로운 종이 그 자리를 채웠다. 공룡들의 '성공 시대'가 계속되리라는 것은 의심할 여지가 없다.

백악기 초기

거대한 초식 공룡인 용각류가 사라지고, 조각류(鳥脚類)에 속하는 안킬로사우루스와 이구아노돈 같은 새로운 공룡들이 등장했다.

이구아노돈(*Iguanodon*)

이름 : 이구아노돈
크기 : 키가 약 9 m
취미 : 친구들과 무리를 지어 여기저기 돌아다니기
좋아하는 음식 : 식물
특징 : 두 발로 걸어다님. 높은 곳의 나뭇잎도 거뜬히 따 먹을 수 있을 만큼 키가 큼. 송곳처럼 생긴 엄지발가락이 유난히 크다.

백악기 중기

초식 공룡인 각룡류를 비롯해 새로운 종들이 대거 등장한다. 그렇지만 더 크고 강한 육식 공룡들이 나타남에 따라 초식 공룡들의 삶은 아주 힘들어졌다. 티라노사우루스나 벨로키랍토르 같은 육식 공룡은 카르노사우루스류와 코엘루로사우루스류에 속한다.

백악기 말기

오리주둥이공룡류, 파키케팔로사우루스류, 각룡류의 공룡들이 처음으로 나타났다.

티라노사우루스 렉스
(Tyrannosaurus rex)

이름 : 티라노사우루스 렉스
몸 길이 : 12 m
취미 : 사냥
좋아하는 음식 : 이구아노돈과 그 밖의 초식 공룡
특징 : 뼈에서 살을 찢기에 적합한 거대한 목, 살점을 자르기에 편리한 톱니 같은 이빨, 그리고 특이하게도 작은 앞발.

> 헤이, 덤벼 봐! 네 발가락을 콱 깨물어 줄 테니까!

파키케팔로사우루스(*Pachycephalosaurus*)

이름 : 파키케팔로사우루스
몸 길이 : 8 m
좋아하는 음식 : 식물
특징 : 아주 두꺼운 두개골에 큰 혹과 뾰족한 돌기가 나 있다. 경쟁자에게 박치기 공격을 하기에 편리하게 생겼다.

일기 예보

따뜻하고 온화한 날씨가 계속될 전망이지만, 처음으로 건기와 우기가 생김.

여행 안내 코너

많은 변화가 일어남에 따라 여행 스케줄 잡기가 날로 어려워진다. 대륙들은 계속 여기저기로 흘러다니고, 로라시아 대륙에서 동아시아, 북아메리카, 구미 대륙의 세 대륙으로 쪼개져 나간다. 또, 열대 정글이 나타나 지구를 뒤덮기 시작했다. 한편, 거대한 산맥들이 만들어지고, 화산 활동이 갈수록 심해지고 있다. 급한 일이 아니라면 여행 계획은 모두

취소하는 게 좋겠다. 공룡들은 각자 현재 살고 있는 곳에서 잘 적응해 살아가도록 노력해야 할 것이다.

여행 정보 — 갑작스런 홍수와 화산을 주의할 것!

갑작스런 홍수에 북아메리카 대륙에 살던 많은 초식 공룡이 휩쓸려 떠내려갔다. 여행을 떠난 공룡들은 수백만 년 후에 불쌍한 모습의 화석으로 발견되고 싶지 않으면, 이 위험에 대비하는 게 좋을 것이다. 민첩한 공룡이라면 용암의 흐름을 피할 수 있겠지만, 화산이 폭발할 때에는 유독 가스가 나오므로 화산 근처에는 얼씬도 하지 않는 게 좋다.

자연 소식

식물 애호가들이 반길 소식이다. 지구상에 처음으로 꽃이 피는 식물이 나타났다.

깜짝 퀴즈 코너

위의 두 그림은 백악기의 동일한 장소를 그린 것이다. 그런데 위쪽 그림에서는 그 당시 살고 있던 몇몇 동물을 지워 버렸다. 두 그림을 잘 보고 없어진 동물들이 무엇인지 알아맞혀 보라.

답 :

1. 뱀. 이 시기에 뱀들이 수를 늘렸다.
2. 새(익룡)들도. 이들 중에서 가장 큰 케찰코아틀루스가 하늘을 날아다녔다.
3. 곧 악어사촌 생긴 프사사우루스에 뱀이 긴 꿈틀거리오시사우루스.
4. 이 시기에 살던 표유류의 조상인 자손 사친 잠든 동물로, 주로 밤에 활동했다.

뉴스 속보
6500만 년 전

공룡이 사라지다!

지구상에서 공룡 시대가 갑자기 막을 내렸다. 1억 년 이상 전성기를 누려 오던 공룡이 모두 한꺼번에 갑자기 멸종해 버린 것이다.

충격을 받은 생존자들(포유류, 조류, 거북 등)도 그 미스터리를 푸는 데 아무 도움이 되지 않고 있다. 그저 "잠시 전에 그 곳에 있던 공룡들이 몇천 년 뒤에 보니 흔적도 없더라"는 말만 되풀이할 뿐이다.

이 끔찍한 사건의 원인을 조사하고 있는 우리 기자들이 다음 호 신문에서는 새로운 소식을 전할 수 있길 기대한다.

어마어마한 공룡 가족

 과학자의 모습은 어떤 것일까? 알고 있는 과학자가 없다면, 과학 선생님을 생각해 보도록. 약간 정신이 멍한데다가 건망증이 심하고, 꾀죄죄하지 않은가? 과학자들은 겉으로 보기에는 대개 그렇게 볼품없어 보이지만, 공통적으로 갖고 있는 것이 있다. 그것은 바로 논리 정연한 사고이다.

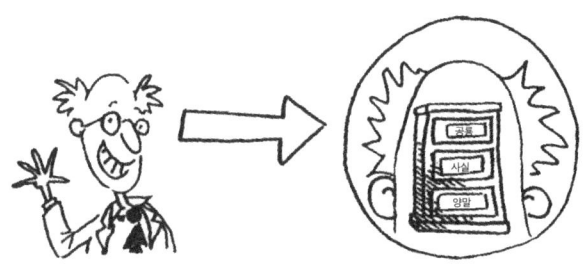

 공룡이 괴물이 아니라는 사실을 알자마자 공룡을 과학적으로 연구하기로 한 고생물학자들은 아주 골치 아픈 문제에 부닥치게 되었다. 공통의 특성을 가진 것들끼리 공룡을 분류하는 일이 결코 쉽지 않았기 때문이다. 여러분 집안의 족보를 직접 만들어 보려고 한 사람은 그것이 보통 복잡한 일이 아님을 알 것이다. 하물며 수천만 년 전 까마득한 옛날에 멸종해 버린 공룡의 족보를 만드는 일은 얼마나 복잡하겠는가!

 어떤 공룡들은 사촌들을 찾아 같은 집안끼리 족보를 만들

기가 수월한 반면, 어떤 공룡들은 그 친척을 찾아 내기가 보통 힘든 일이 아니었다. 예를 들면, 네 발로 기어다니던 거대한 공룡 스켈리도사우루스는 오랫동안 과학자에 따라 곡룡류, 검룡류, 조각류로 분류돼 왔다.

많은 토론과 검토 끝에 과학자들은 공룡을 다음과 같이 분류하기로 결정내렸다. 그러나 언제 다시 새로운 종류의 공룡이 발견되어 현재 알려져 있는 사실들이 완전히 뒤집어질지 알 수 없는 일이다.

처음에는 ….

공룡의 분류는 트라이아스기 초기에 살았던 **조룡류**(26쪽의 라고수쿠스 참고)에서 출발한다. 고생물학자들은 조룡류가 공룡의 조상이라고 생각한다. 그리고 골반뼈의 모양에 따라 공룡들을 다음의 두 가지로 분류한다.

파충류와 비슷한 골반뼈를 가진 공룡들은 **용반류**(龍盤類)라 하고, 조류와 비슷한 골반뼈를 가진 공룡들은 **조반류**(鳥盤類)라 한다. 어렵지 않지? 지금까지는 쉬운 편이다.

용반류는 다시 **용각류**(龍脚類)와 **수각류**(獸脚類)로 나뉜다. 벌써 머리 아프다고? 자, 그럼 수각류부터 살펴볼까?

수각류

이 공룡의 발톱에 걸리지 않도록 조심하도록! 수각류에 속하는 공룡은 모두 육식 공룡이니까! 이 공룡들은 두 뒷다리로 일어서서 걸어다니면서 먹이를 사냥했다. 그리고 날카로운 이빨과 발톱으로 먹이의 살점을 찢어 먹었다. 수각류의 몸무게는 수 톤이나 나갔고, 몸 길이는 약 11 m에 이르렀다. 수각류의 대표적인 예로는 알로사우루스(*Allosaurus*)를 들 수 있다.

그 다음 세대의 공룡들

수백만 년에 걸친 진화를 거쳐 수각류는 더 발달된 형태의 **카르노사우르**와 **코엘루로사우르**로 진화해 갔다.

카르노사우르(carnosaur: '살도마뱀' 이란 뜻)는 여전히 두 뒷다리로 걸어다니는 육식 공룡이었지만, 수각류보다 몸집이 더 크고, 힘도 더 세어졌다. 몸 길이가 14m에 이르고 몸무게가 6톤이 넘는 사나운 육식 공룡 티라노사우루스 렉스도 카르노사우르에 속한다.

반면에, 코엘루로사우르(carnosaur)는 다른 방향으로 진화해 갔다. 이 공룡들은 몸집이 작고 가벼워진 대신, 속도와 민첩성이 좋아졌다. 살점을 잘라 내기에 적합한 날타로운 이빨과 발톱은 그대로 갖고 있었다. 겨우 고양이만 한 크기의 콤프소그나투스(*Compsognathus*)도 사나운 육식 공룡인 데이노니쿠스(*Deinaonychus*)와 벨로키랍토르(*Velociraptor*)와 함께 코엘루로사우르에 속한다.

용각류

용각류도 수각류처럼 파충류와 비슷한 골반을 갖고 있지만, 그 밖의 점에서는 수각류와 완전히 달랐다. 용각류(용각은 '도마뱀 다리' 란 뜻) 공룡들은 식물을 먹고 사는 초식 동물이었다. 용각류는 네 다리로 걸어다녔고, 뭐든 클수록 아름답다고 생각한 것 같다. 디플로도쿠스(*Diplodochus*), 슈퍼사우루스(*Supersaurus*), 브라키오사우루스(*Brachiosaurus*) 등이 모두 용각류에 속하는 거대한 공룡들이다.

새의 골반을 가진 공룡들

고생물학자들은 새와 비슷한 골반을 가진 공룡인 조반류를 다시 여섯 종류로 분류했다. 자, 하나씩 살펴보자!

조각류(鳥脚類, ornithopods)에 속하는 공룡들은 모두 어떤 공통점을 지니고 있다. 이 공룡들은 두 다리로 서서 걸어다녔고, 초식성이었다. 또한, 뿔 모양의 주둥이와 새와 비슷한 발을 가진 공룡들도 있었다. 맨텔이 발견한 이구아노돈도 바로 조각류에 속하는 공룡이다.

오리부리룡류(hadrosaurs)도 초식 공룡이지만, 조각류보다 몸집이 더 크다. 오리부리룡류는 오리 모양의 주둥이와 머리

에 커다란 볏이 달린 것이 특징이다.

파키케팔로사우르(pachycephalosaurs)는 고생물학자들에게는 고마운 부류였다. 분류하기가 그다지 어렵지 않았으니까. 두 다리로 걸어다닌 커다란 몸집의 이 초식 공룡들에게는 돌대가리라는 별명이 붙었는데, 멍청해서가 아니라 아주 크고 두꺼운 두개골을 갖고 있기 때문이다.

검룡류(stegosaurs) 또한 구별하기가 쉽다. 모두 등에 뾰족한 골판이나 돌기가 나 있다. 머리는 작고 네 다리로 기어다닌다. 켄트로사우루스(*Kentrosaurus*)가 이 부류에 속한다.

곡룡류(ankylosaurs)도 알아보기 쉽다. 이 공룡들의 몸은 딱딱한 뼈로 된 판들이 갑옷처럼 덮고 있어 마치 멋진 탱크처럼 보인다. 곡룡류는 네 다리로 쿵쿵거리며 걸어다녔고, 꼬리에도 뾰족한 장갑 돌기들이 나 있었다.

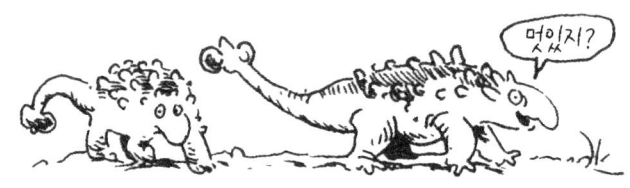

각룡류(ceratopsians)는 공룡들 중에서 가장 늦게 나타났다. 각룡류는 네 다리로 걸어다녔고, 머리에는 큰 뿔과 널찍한 주름 모양의 장식이 달려 있었다. 비록 겉모습은 무서워 보이지만, 이들은 온순한 초식 공룡이었다.

정말로 어려운 이름

공룡들이 어느 가족에 속하는지 분류한 고생물학자들은 이번에는 개개 공룡의 이름을 지어 주어야 했다. 그렇지만 동물이나 식물에 이름을 붙이는 것은 간단한 일이 아니다. 스웨덴의 동물학자 카를 린네(Carl Linné ; 1707~1778)는 동식물의 이름을 정하는 체계적인 방식을 확립했다. 그가 만든 이명법(二名法)에 따라 각 공룡에는 티라노사우루스 렉스(*Tyrannosaurus rex*)처럼 두 가지 이름이 붙었다.

앞의 이름은 속(屬 : 생물 분류상의 한 단계. 종보다 위에 있고, 과보다 아래에 있다)을 나타내고, 뒤의 이름은 그 동물의 '종(種)'을 나타낸다. 이해를 돕기 위해 티라노사우루스와 고양이를 예로 들어 서로 비교해 보자.

과명 : Felidae(고양이과)

속명 : *Felis*(고양이)

종명 : *domesticus*(집)

과명 : Carnosauria
　　　(카르노사우르과)

속명 : Tyrannosaurus
　　　(티라노사우루스)

종명 : *rex*(왕)

★ 세상에 이런 일이!

펠로로사우루스(*Pelorosaurus* : '괴물 도마뱀'이란 뜻)는 다른 어떤 공룡보다도 더 많은 속명이 붙여진 공룡이다. 이 거대한 용각류 공룡의 화석은 1850년에서 1900년 사이에 영국의 여러 지역에서 발견되었는데, 화석 조각 하나가 발견될 때마다 새로운 이름이 붙여졌다. 예를 들면 콘드로스테오사우루스, 디노도쿠스, 에우카메로투스, 기간토사우루스, 호플로사우루스, 이스키로사우루스, 모리노사우루스 등이 모두 펠로로사우루스에게 붙은 다른 이름이었다. 그 후, 면밀한 조사를 거쳐 고생물학자들은 그 화석들이 모두 같은 종류의 공룡이라는 사실을 밝혀 냈다.

공룡의 이름은 대개 그 공룡의 정체를 최초로 밝힌 과학자가 지어 주는 것이 관례이다. 이것은 별 문제가 없어 보이지만, 앞의 예에서 본 것처럼 문제가 생기는 경우도 있다. 초기의 고생물학자들은 자신의 업적으로 인정받으려는 욕심에 이미 다른 사람이 이름을 붙여 준 공룡인지 확인도 하지 않은 채 마구 이름을 붙이기도 했기 때문이다.

이름에는 무엇이 들어 있는가?

공룡의 이름은 라틴어로 짓는다. 무식한 사람들이 알아보지 못하게 하려고 그런 것이 아니라, 옛날 유럽에서는 라틴어가 학자들 사이에 공통적으로 사용되던 국제 공용어였기 때문이다.

발견한 공룡의 이름을 정할 때, 고생물학자가 아무렇게나 자기 마음대로 이름을 짓는 것은 아니다. 대개는 다음의 두 가지 지침을 따른다.

1. 그 공룡의 모습을 잘 나타내는 이름을 짓는다. 예를 들면, 트리케라톱스(*Triceratops*)는 '뿔이 세 개 달린 얼굴'이란 뜻이다.

2. 공룡 화석이 처음 발견된 장소의 이름을 따서 짓는다. 초식공룡인 무타부라사우루스(*Muttaburrasaurus*)는 어디서 발견되었을까? 그렇다, 바로 오스트레일리아의 '무타부라'라는 장소에서 발견되었다.

그러나 때로는 이런 지침을 따르지 않는 경우도 있다. 다음에 소개하는 공룡들은 그 특별한 이름이 붙은 나름의 이유가 있다. 그 이유를 보기에서 찾아 맞게 짝지어 보라.

A. *Tianchisaurus nedegoapeferima*(티안키사우루스 네데고아페페리마)
B. *Diplodocus carnegii*(디플로도쿠스 카네기)
C. *Gasosaurus*(가소사우루스)
D. *Austrosaurus mckillopi*(오스트로사우루스 매킬로피)

1. 그 공룡이 발견된 곳의 땅 주인 이름을 따서 지은 것이다.
2. 고생물학에 특별한 도움을 준 기업체의 이름을 따서 지은 것이다.
3. 화석 발굴 작업에 자금을 지원한 사람의 이름을 따서 지은 것이다.
4. 유명한 영화 감독에게 경의를 나타내기 위해 지은 것이다.

답:

A-4. 영화 〈쥐라기 공원〉을 감독한 스티븐 스필버그(Steven Spielberg)가 중국 고생물학자들에게 수백만 달러를 기증한 후에, 곡룡뷰에 속하는 이 공룡의 이름은 '쥐라기 공원'에 출연한 주인공들의 성에서 첫 두 자씩을 따서 만들어졌다.

B-3. 억만장자였던 앤드루 카네기(Andrew Carnegie)는 많은 화석 발굴 작업에 자금을 지원해 주었다. 또, 아파토사우루스를 발견한 고생

물학자들은 카네기 부인의 이름을 따서 그 공룡의 이름을 아파토사우루스 루이재(Apatosaurus louisae)라고 지었다.

C-2. 가소사우루스는 중국에서 발견된 몸 길이 4 m의 육식 공룡으로, 1985년에 고생물학계에 거액을 지원한 가스 회사의 이름을 따서 이름이 지어졌다.

D-1. 매킬로프는 자기 목장에서 화석 발굴 작업을 하도록 허락해 준 오스트레일리아의 목장주였다. 마이아사우라 피블소룸(Maiasaura peeblesorum)도 똑같은 이유로 지어진 이름이다.

환상적인 화석들

공룡에 흥미를 느끼는 사람들이 궁금하게 여기는 한 가지 큰 의문점은, 멸종한 지 수천만 년이 지난 동물에 관한 자세한 사실을 어떻게 알 수 있느냐 하는 것이다.

그 답은 화석에 있다. 비전문가의 눈에는 화석이 그저 오래된 돌덩어리로 보이겠지만, 화석은 정말 환상적인 것이다. 화석이 없었더라면, 과거에 공룡이 존재했다는 사실조차 알 수 없었을 것이다.

진상 조사 X-파일 : 화석

1. 화석을 영어로는 '파설(fossil)'이라고 하는데, '파내다'란 뜻의 라틴어 fossilis에서 유래한 것이다.

2. 공룡 화석은 전혀 새로운 것이 아니다. 수백 년 전부터 여기저기서 발견되었다. 그러나 고생물학자들이 화석이 어떻게 생기는지 밝혀 내기 전까지는 아무도 자기 눈에 보이는 화석이 무엇인지 알지 못했다.

3. 고대 중국의 의서에는 '용의 이빨'과 '용의 알'이란 말이 나오는데, 그것은 공룡 화석을 가리킨 것이 아닌가 싶다. 또, 오스트레일리아 원주민의 전설에 나오는 에뮤(타조 비슷한

새) 인간은 암석에 남은 세 발가락 발자국에서 비롯되었다. 유럽에서는 커다란 뼈들이 발견되면 그것을 유니콘의 뼈라고 믿었다. 1677년, 영국에서 거대한 메갈로사우루스의 넓적다리뼈가 발견되었을 때에는 엉뚱한 이야기들이 많이 나왔다. 옥스퍼드 대학의 교수 로버트 플롯(Robert Plot)은 그 뼈를 처음에는 코끼리 뼈라고 했다가, 나중에는 다시 거대한 인간의 뼈라고 주장했다.

화석은 어떻게 만들어질까?

오늘날 우리는 화석이 한때 지구에 존재했던 동물의 시체에서 생긴다는 것과, 화석이 어떻게 만들어지는지에 대해 많은 것을 알고 있다. 대개의 경우, 화석이 만들어지는 과정은 그다지 복잡하거나 어렵지 않다. 다만, 엄청나게 오랜 시간이 걸린다는 게 문제다.

1단계 : 죽은 공룡을 모래나 진흙 위에 놓아 둔다.

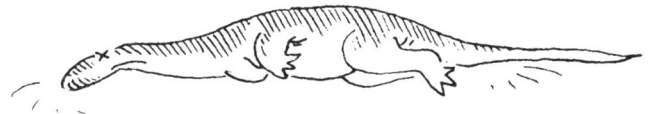

2단계 : 다른 동물들이 공룡의 살을 뜯어먹고, 바람과 비에 의해 공룡의 살이 썩고, 미생물이 그것을 분해할 때까지 그냥 내버려 둔다. 그러면 결국 뼈만 남을 것이다.

3단계 : 뼈만 남으면 그 위에 진흙이나 모래를 덮는다. 다시 그 위에 진흙과 모래를 몇 층이고 계속 쌓는다. 그런 다음, 그 위에 물을 부어 속으로 스며들게 한다.

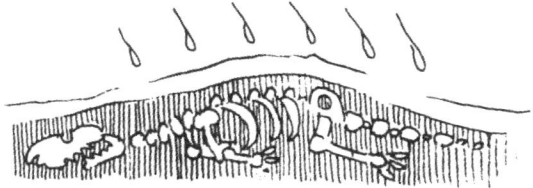

그 상태로 아주아주 오랜 시간 동안 놔 둔다. 7000만 년 정도면 아주 좋다. 그 정도 시간이 지나고 나면, 물에 들어 있던 광물질이 뼛속의 빈틈 구석구석으로 스며들어 그것을 화석으로 만들 것이다. 혹시 광물질이 뼈를 녹이면 어떡하나 하는 걱정은 붙들어매도록. 설사 그런 일이 일어난다 하더라도, 뼈가 녹은 공간이 원래의 형태를 그대로 유지하고 있기 때문에, 그 곳에 소석고를 채워넣으면 완벽한 뼈의 형태를 얻을 수 있으니까.

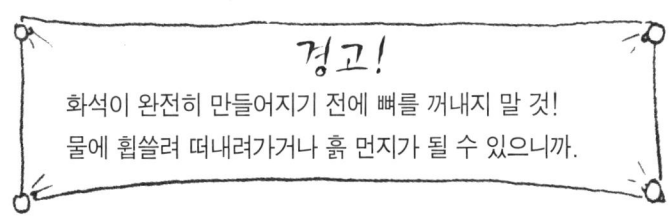

경고!
화석이 완전히 만들어지기 전에 뼈를 꺼내지 말 것!
물에 휩쓸려 떠내려가거나 흙 먼지가 될 수 있으니까.

4단계 : 일단 뼈가 화석으로 변했으면, 다시 수백만 년 동안 화석 위의 층들을 비와 바람에 노출시킨다. 그러면 화석을 덮고 있던 진흙과 모래, 암석이 떨어져 나가고, 마침내 아래에 있던 화석이 지표면에 드러날 것이다.

화석으로 알아 낸 사실들

뼈는 신체에서 가장 딱딱한 부분이다. 공룡 뼈(이빨, 발톱과 함께) 화석이 흔히 발견되는 것도 이 때문이다. 혹시 그까짓 뼈다귀 화석 하나로 공룡에 대해 얼마나 알아 낼 수 있겠느냐고 생각할지 모르겠지만, 뼈다귀 하나로도 정말 많은 사실들을 알아 낼 수 있다.

★ 세상에 이런 일이!

할리우드 영화 제작자들이 생각하는 것처럼 공룡이 항상 건강했던 것은 아니다. 뼈 화석의 연구를 통해 과학자들은 공룡도 관절염이나 종양, 세균 감염과 같은 질병으로 고통받았다는 사실을 알아 냈다. 그런 병이 직접적인 사망 원인은 아니었다 하더라도, 병에 걸리면 움직이는 속도가 느려지고, 다른 육식 공룡에게 잡아먹힐 확률이 높아졌을 것이다.

★ 세상에 또 이런 일이!

고생물학자들은 많은 공룡이 뼈가 부러진 채 살아갔다는 사실을 발견하고 깜짝 놀랐다. 그렇지만 공룡이 동작이 서툴러서가 아니라 몸싸움 때문에 뼈가 부러진 것이라고 결론내렸다. 오늘날의 동물처럼 공룡도 틀림없이 자기들끼리 싸움을 했을 것이다. 다른 동물들하고는 말할 것도 없고!

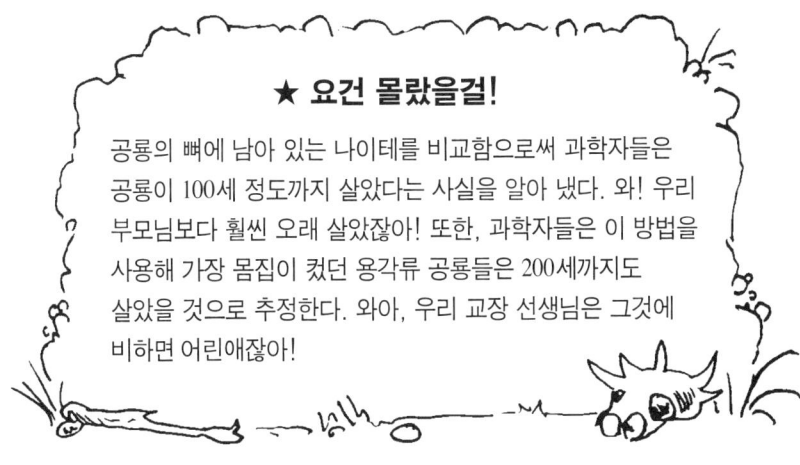

★ 요건 몰랐을걸!

공룡의 뼈에 남아 있는 나이테를 비교함으로써 과학자들은 공룡이 100세 정도까지 살았다는 사실을 알아 냈다. 와! 우리 부모님보다 훨씬 오래 살았잖아! 또한, 과학자들은 이 방법을 사용해 가장 몸집이 컸던 용각류 공룡들은 200세까지도 살았을 것으로 추정한다. 와아, 우리 교장 선생님은 그것에 비하면 어린애잖아!

공룡의 흔적을 찾아라

고생물학자는 뼈 화석만 찾는 것이 아니다. 그들은 공룡의 흔적이라면 공룡 발자국이나 알, 심지어는 배설물에도 열광한다. 그들은 이러한 것들에 붙여 줄 새로운 이름까지 생각했다. 자, 여러분은 공룡의 흔적들과 고생물학자가 붙여 준 이름을 제대로 연결할 수 있을까?

A. 공룡 알   1. 이크나이트
B. 공룡 배설물 2. 오얼라이트
C. 발자국 화석 3. 코프롤라이트

답:
A-2, B-3, C-1

이크나이트(ichnite)는 발자국 화석, 즉 퇴적작용 속에서 굳어진 발자국을 뜻하고, 오얼라이트(oolite)는 알 모양 광물로 뭉치고 그리고 코프롤라이트(coprolite)는 분뇨 화석(糞化石), 즉 똥이 굳어 만들어진 화석을 말한다.

A. 처음 공룡 알 화석이 발견되었을 때, 그 알 속을 어떻게 보느냐 하는 것이 가장 큰 문제였다. 예전에는 X선 기계를 사용했지만, 오늘날에는 공룡 알 화석을 CAT 스캐너(컴퓨터 X선 단층 촬영 장치)에 집어넣는다. 이 기계를 통해 공룡 알 속을 훤히 들여다볼 수 있으며, 일부 알에서는 부화되다 만 새끼 공룡이 화석으로 변한 채 들어 있는 것도 발견되었다.

CAT 스캐너 덕분에 과학자들은 공룡 알 화석에서 새끼공룡에 대해 많은 사실을 알아 냈다. 여러 가지 면에서 새끼공룡은 아기와 비슷하다. 시끄럽고, 성가시고, 냄새도 나고…. 그러나 둘 사이에는 분명한 차이점이 있다.

이건 몰랐지?
1. 갓 부화한 새끼공룡은 아기보다 더 우스꽝스러운 모습이었다. 새끼의 머리와 눈은 다 자란 공룡에 비해 훨씬 컸고, 다리와 목과 꼬리는 짧았다.
2. 새끼공룡은 그렇게 몸집이 작은 상태로 계속 머물러 있으면 세상을 살아가기가 몹시 고달프다는 것을 알았다. 그래서 빨리 자라려고 열심히 노력했는데, 무스사우루스(*Mussaurus*)의 경우, 알에서 갓 태어났을 때에는 몸 길이가 28 cm에 불과

하지만, 어른이 되면 그것의 150배나 커졌다. 만약 여러분 동생이 그런 비율로 자란다면, 키가 아마 60 m나 되겠지.

B. 공룡 똥 화석이라면 좀 지저분한 화석이라고 생각할지 모르겠지만, 고생물학자는 그것을 한번 만지지 못해 안달이다. 고생물학자는 분석을 연구함으로써 공룡의 창자의 크기와 공룡이 즐겨 먹었던 먹이가 어떤 것인지 알아 낸다.

고생물학자는 배설물을 손으로 이리저리 만지기 전에 돌처럼 굳은 배설물을 염산이 담겨 있는 그릇에 넣는다. 그러면 염산은 배설물을 둘러싸고 있는 돌과 광물질을 녹인다. 그러나 염산은 배설물 바깥쪽을 둘러싸고 있는 단단한 식물 막은 녹이지 못한다.

이렇게 남은 배설물 화석을 현미경으로 관찰함으로써 고생물학자는 그 공룡이 최후의 만찬으로 무엇을 먹었는지 알 수 있다. 그런데 그 결과가 좀 뜻밖이었다. 대부분의 공룡은 아무거나 닥치는 대로 먹어치우는 식성을 가진 것으로 밝혀졌다.

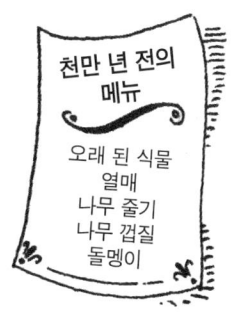

C. 발자국 화석도 공룡에 대해 많은 것을 알려 준다. 그래서 발자국 화석을 발견되면 고생물학자는 즉시 단계적인 조사에 착수한다.

1단계 : 발이 몇 개인지 센다. 공룡 한 마리가 걸어간 발자국의 수를 통해 그 공룡이 두 발로 걸어다녔는지 네 발로 걸어다녔는지 알 수 있다

2단계 : 발자국의 수를 센다. 비슷한 종류의 발자국이 주변에 아주 많이 있다면, 공룡들이 무리를 지어 다녔다는 사실을 알 수 있다.

3단계 : 발자국 사이의 거리를 측정한다. 그러면 그 공룡이 얼마나 빨리 움직였는지 알 수 있다.

★ 요건 몰랐을걸!

고생물학자는 발자국 화석을 조사함으로써 어떤 공룡들은 굉장히 빨리 달린다는 사실을 알아 냈다. 가장 포악한 공룡 중 하나인 알로사우루스는 가장 빠른 공룡 중 하나이기도 했다. 알로사우루스는 시속 약 40 km로 달릴 수 있었던 것으로 추정된다. 다시 말해서, 세상에서 가장 빠른 육상 선수와 경주를 하더라도, 알로사우루스가 거뜬히 우승을 할 수 있다는 이야기이다.

비늘로 덮인 피부

가장 희귀한 공룡의 흔적 중 하나는 바로 화석으로 변한 살 또는 피부 화석이다. 이것은 죽은 공룡의 살은 썩어 없어졌지만, 땅바닥에 남은 그 자국이 화석으로 변한 것이다. 피부 화석을 연구하면 공룡의 피부가 단단하고 비늘로 덮여 있었다는 사실은 알 수 있지만, 그 피부가 무슨 색이었는지 또는 무슨 무늬가 있었는지는 알 도리가 없다. 다만, 주변 환경과 비슷한 색깔을 가지는 것이 적을 피하는 데 유리했을 거라고 추측해 볼 수는 있다.

시조새를 둘러싼 논쟁

　공룡 피부 화석은 고생물학자들에게 깊은 인상을 주었지만, 시조새 화석의 발견이 가져온 충격에 비하면 아무것도 아니었다. 이 공룡의 발견은 고생물학계를 발칵 뒤집어 놓았고, 격렬한 논쟁을 불러일으켰다.

　시조새는 언제 발견되었나? 1861년에 독일의 한 채석장에서 뼈 화석이 처음으로 발견되었다.

　그것이 논란을 불러일으킨 이유는? 그 화석은 거의 완벽하게 보존되어 시조새의 모습이 선명하게 남아 있었는데, 시조새의 피부는 비늘이 아니라 깃털로 덮여 있었기 때문이다.

　그게 뭐가 그리 대단한가? 그 이전에는 몸에 깃털이 난 공룡이 존재했으리라곤 아무도 생각지 못했다.

　그렇다면 고생물학자들이 시조새 화석의 발견에 크게 기뻐했겠군? 유감스럽게도, 그렇지 않았다.

왜? 시조새를 연구하면서 깜짝 놀랄 만한 사실들이 드러났기 때문이다.

예를 들자면? 시조새는 새처럼 몸이 깃털로 덮여 있었지만, 콤프소그나투스와 같은 작은 공룡과 아주 비슷한 골격을 갖고 있었다. 게다가, 뼈가 있는 긴 꼬리와 갈고리발톱 같은 파충류의 특징도 지니고 있었다.

무슨 뜻인가? 과학자들은 시조새는 반은 조류이고 반은 파충류인 동물이라고 결론지었다.

그것이 뭐 그렇게 대단한 의미라도 있는가? 물론이다. 새의 깃털과 공룡의 골격을 갖고 있는 시조새는 공룡과 조류의 중간 단계라고 과학자들은 생각했다. 즉, 공룡이 오늘날의 조류로 진화해 가는 중간 단계인 '잃어버린 고리'라는 것이다.

그것은 어떤 과정을 거쳐 일어났는가? 최초의 조류와 콤프소그나투스 같은 작은 육식 공룡은 거의 유사한 골격 구조를 갖고 있다. 수백만 년의 시간이 흐르는 동안 공룡의 비늘은 깃털로 진화했고, 공룡의 단단한 뼈는 속이 텅 빈 뼈로 변했고, 팔

은 날개로 변했다고 과학자들은 주장한다. 그러다가 결국 하늘을 날 수 있게 된 것이다.

알겠다. 그런데 그것이 그렇게 중요한 것인가? 그렇다. 조류가 공룡에서 진화해 나온 것이라면, 조류와 공룡이 서로 공통되는 특성을 가지고 있을 것이다.

그러한 특성의 예를 들자면? 우선 두 가지만 이야기하겠다. 조류는 정온 동물이고, 빨리 움직일 수 있다. 따라서, 공룡도 당연히 정온 동물이고, 빨리 움직였을 것이다.

이제 잘 알겠다. 그러니까 시조새는 공룡이 조류와 밀접한 관계가 있다는 확실한 증거란 말이지? 그런 증거를 발견했으니 모두가 기뻐했겠군? 불행하게도, 그렇지 않았다. 시조새에 대해 전혀 다른 주장을 펴는 과학자들도 있다.

어떤 주장인데? 어떤 과학자는 시조새가 단지 조류의 한 변종일 뿐이라고 주장했다.

그렇지만 그 이론은 곧 공격을 받았을 것 같은데? 그렇다. 관찰력이 뛰어난 한 고생물학자는 시조새의 부리에 이빨이 완전하게 나 있다는 점을 지적했다. 조류는 이빨이 없으므로, 그것은 파충류의 특성이다.

그렇지만 또 다른 반론들이 계속 나왔겠지? 그렇다. 앤드리어스 와그너(Andreas Wagner)라는 과학자는 시조새가 그냥 우연히 깃털을 갖게 된 파충류일 뿐이며, 공룡과는 아무 상관이 없다고 주장했다.

그건 좀 억지 같은데? 그가 그 다음에 주장한 것을 들어 보면 그것은 아무것도 아니다. 그는 시조새가 독수리의 머리와 날개에 사자의 몸통을 가진 전설상의 괴물인 그리핀이라고 주장하면서 시조새의 이름을 그리포사우루스(Griphosaurus)로 바꾸려고까지 했다.

알았다. 시조새를 공격한 사람이 또 있는가? 한둘이 아니다. 프레드 호일(Fred Hoyle)은 시조새가 가짜라고 주장했다.

뭐라고? 사람들이 위조한 가짜 화석이란 말인가? 그렇다. 그는 과학자들이 진화론을 증명하려고 가짜 화석을 만들었다고 주장했다.

호일 교수는 그 주장으로 큰 인기를 얻었겠군? 그렇지 않다. 그 주장 때문에 호일 교수는 종종 곤욕을 치러야 했다. 런던의 왕립 학회에서 강연을 할 때에는 특별 경호를 받아야 할 정도였다.

그 후, 그의 주장은 결국 어떻게 되었는가? 광범위한 테스트를 거친 결과, 시조새 화석은 진짜라는 것이 밝혀졌다.

혹시 그 테스트에도 문제가 있지 않았을까? 더 완벽한 시조새 화석이 다섯 개나 더 발견되었기 때문에 더 이상 논란의 여지가 없다.

그럼, 이 문제는 일단락되었는가? 현재로서는 그렇다. 그러나 앞으로 또 무슨 일이 일어날지는 아무도 모른다.

이건 몰랐지?

조류가 과연 공룡의 직계 후손인가에 대한 논란은 앞으로도 계속될 것 같다. 시조새가 가짜라고 생각하는 과학자도 있고, 시조새가 발견된 것은 진화론에 너무 딱 들어맞는다고 생각하는 사람도 있다. 또, 공룡이 멸종한 것이 아니기 때문에 시조새가 공룡의 후손이 될 수 없다고 주장하는 과학자도 있다.

지금까지는 어떤 공룡도 살아 있는 것이 발견되지 않았다. 그러나 그 사실도 공룡을 찾아나서는 많은 사람들을 막지는 못했다. 사실, 공룡이나 다른 신비의 동물을 찾는 일에는 잠복동물학이라는 이름까지 붙었다. 잠복동물학자들은 영국, 북유럽, 아시아의 신화에 나오는 용은 공룡이 백악기 말기에 모두 멸종한 것이 아니라, 살아남아 있다는 증거라고 주장한다. 현재 이들이 가장 관심을 가지고 연구하는 동물들은 바다뱀과, 몇몇 호수에서 목격됐다고 하는 거대 수중 동물이다. 이 동물들은 깊고 차가운 물 속에서 살아감으로써 공룡 시대가 끝나고도 살아남은 플레시오사우루스(사경룡)라고 주장하는 사람

들도 있다.

  아마 여러분도 네스 호에 산다는 괴물 '네시' 이야기를 들어 보았을 것이다. 미국, 러시아, 아프리카의 호수들에도 네시의 사촌들이 살고 있을지도 모른다. 1990년, 레드먼드 오핸런(Redmond O'Hanlon)이라는 영국인 탐험가가 호수에 산다는 콩고 공룡을 찾기 위해 탐험대를 이끌고 정글 속으로 들어갔다. 그러나 그 탐험대는 허탕만 치고 돌아왔다. 깊은 정글 속을 샅샅이 뒤졌지만, 공룡의 흔적은 전혀 보이지 않았다. 오핸런이 얻은 것은 말라리아라는 끔찍한 병뿐이었다.

먹는 건 다 좋아!

공룡의 식사

친한 친구에게 입을 벌려 보라고 한 다음, 입 안을 들여다 보라. 고기를 찢어 먹기에 적합한 날카로운 송곳니도 있고, 야채를 먹기에 적합한 어금니도 있을 것이다. 사람은 잡식성이라, 그에 알맞게 우리의 치아도 진화해 왔다. 그러나 공룡은 육식 공룡과 초식 공룡의 두 종류로 나뉘며, 이빨도 그 먹이에 맞게 진화했다.

다행히도, 이빨은 공룡의 몸 중에서 가장 단단한 부분 중 하나여서, 이빨 화석도 심심찮게 발견된다. 그 결과, 공룡 이빨 화석 연구가 활기를 띠었고, 공룡이 먹고 산 것에 대해 궁금한 점이 많이 밝혀졌다.

공룡의 이빨

공룡의 이빨은 그 공룡이 온순한 초식 공룡인지 잔인한 육식 공룡인지 결정하는 데 중요한 단서가 된다. 그렇다면 공룡 이빨에 관한 퀴즈 대회에 참가하여 자신이 얼마나 똑똑한지 한번 확인해 보는 게 어때? 여러분이 공룡이 되었다고 생각하고 문제를 풀어야 한다. 공룡의 이빨 모양에 따라 살 수도 있고 죽을 수도 있다는 걸 명심하라.

커다란 공룡 한 마리가 나타나 입을 쫙 벌리고 수백 개의 이빨을 드러낸다. 여러분은 그 옆에서 공룡의 이빨이 몇 개인지 세어 보겠는가, 아니면 걸음아 날 살려라 하고 달아나겠는가?

답: 그냥 있어도 안전하다. 어떤 초식 공룡은 식물을 씹어먹기 위해 수백 개의 이빨을 가지고 있다. 에드몬토사우루스가 입을 벌리고 웃을 때 이빨 수를 헤아려 보면 1000개도 넘는다.

몇 분 후, 여러분은 단도 같은 구부러진 이빨을 발견했다. 그것은 근처에 있는 공룡의 입에서 방금 떨어진 것이다. 여러분은 가만히 있겠는가, 아니면 잽싸게 달아나겠는가?

답: 구부러진 이빨이 무엇인지 눈치채지 못한다면, 여러분은 큰 위험에 처할 것이다. 알로사우루스 같은 육식 공룡은 고기를 찢어 먹기에 편리한 구부러진 이빨이 60개 이상 있다.

거대한 공룡 한 마리가 또 나

타났는데, 입 앞쪽에 이빨들이
날카로운 연필 모양으로 줄지어
나 있다. 이것은 초식 공룡일까,
육식 공룡일까?

답: 초식 공룡. 디플로도쿠스의
입 앞쪽에는 나뭇잎을 훑어먹기
에 적합한 이빨들이 나 있다.

나무 사이에서 또 다른 공룡
이 나타났는데, 이빨이 숟가락
처럼 생겼다. 이 공룡은 여러분
을 잡아먹을까, 아니면 아무 일
도 없을까?

답: 그냥 있어도 아무 일 없다.
아미그달로돈의 숟가락 모양 이
빨은 식물을 입 안으로 퍼넣기
에 아주 편리했다.

조그마한 공룡이 나타났는데,
입 안에 톱니 모양의 이빨이 두
줄로 나 있다. 가만히 있겠는가,
아니면 죽어라 달아나겠는가?

답: 빨리 달아나야 한다. 톱니
모양의 이빨은 육식 공룡의 것
이 확실하니까. 육식 공룡만이
고기를 자르는 데 편리한 이런
이빨을 갖고 있다.

정말로 재미있는 공룡 이빨 이야기

공룡은 사용 중인 이빨 밑에 늘 새 이빨들이 자라났다. 티라노사우루스는 2~3년마다 이빨 50개 모두가 새로 났다!

그 밖의 놀라운 신체 기관

육식 공룡과 초식 공룡의 차이점은 단지 이빨뿐만이 아니었다. 육식 공룡과 초식 공룡이 각자 다르게 진화해 감에 따라 다른 신체 기관들도 먹이를 얻기 쉽도록 변해 갔다.

이건 몰랐지?

마멘키사우루스(Mamenchisaurus)는 기다란 목을 가진 초식 공룡으로, 몸 길이는 22 m였는데, 그 중 목 길이가 10 m나 됐다. 마멘키사우루스는 연못이나 호수 한가운데 서서 긴 목을 쭉 빼고 진공 청소기처럼 사방의 잎사귀를 훑어먹었던 것으로 생각된다.

육식 공룡의 발톱은 특히 먹이를 죽이는 데 적합하도록 변했다. 바리오닉스(Baryonyx)는 육식 공룡 가운데 물고기를 잡아먹고 산 유일한 공룡으로 알려져 있는데, 구부러진 큰 앞발을 창처럼 사용해 물고기를 잡았을 것으로 추측된다.

벨로키랍토르(Velociraptor)의 두 번째 발가락에 붙은 발톱은 특히 크고 날카로웠는데, 달릴 때에는 별다른 기능을 하지 않았지만, 먹이를 공격할 때에는 무서운 무기로 변했다.

과학자들은 몇몇 육식 공룡에게는 또 다른 비밀 무기가 있었을 거라고 생각한다. 예를 들면, 육식 공룡의 입 안에는 썩은 고기에서 생긴 무시무시한 세균이 들끓을 수 있다. 따라서, 그런 공룡에게 한번 물리면 치명적인 독이 될 것이다.

대식가 공룡

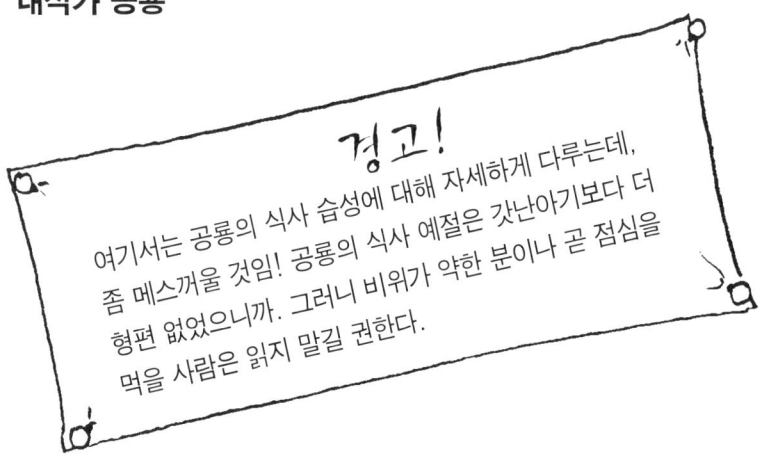

경고!
여기서는 공룡의 식사 습성에 대해 자세하게 다루는데, 좀 메스꺼울 것임! 공룡의 식사 예절은 갓난아기보다 더 형편 없었으니까. 그러니 비위가 약한 분이나 곧 점심을 먹을 사람은 읽지 말길 권한다.

엄청난 식욕

과학자들이 분석한 바에 따르면, 티라노사우루스 같은 거대한 몸집의 육식 공룡은 하루에 약 135 kg의 고기를 먹었다고 한다. 그렇지만 이것도 브라키오사우루스나 슈퍼사우루스 같은 거대 초식 공룡의 식사량에 비하면 그저 간식거리에 불과했다. 이 공룡들은 식물 먹이를 너무 좋아해서 매일 몇 톤씩이나 먹어치우곤 했다.

엄청난 한 입

알로사우루스는 본래 입이 크지만, 입을 더 크게 벌릴 수 있는 비법이 있었다. 턱뼈가 느슨하여 입을 마음껏 벌릴 수 있었던 것. 그래서 한 입 속에 엄청난 양의 먹이를 집어넣을 수 있었다.

소름끼치는 탐욕

한 코엘로피시스의 화석이 발견되었는데, 그 뱃속에 자기 새끼의 뼈가 들어 있었다! 부모가 여러분을 잡아먹는다고 상상해 보라! 정말 소름끼치지?

먹는 것이라면 아무거나 닥치는 대로

하드로사우루스 화석의 위를 조사한 결과, 마지막 식사의 찌꺼기가 발견되었다. 나무 껍질, 나뭇가지, 솔방울, 솔잎 따위가 완전히 소화되지 않은 채 남아 있었다.

돌멩이도 먹어치운다?

엄청난 식욕에도 불구하고, 용각류 초식 공룡은 이빨이 얼마 없었다. 어금니가 부족한 것을 대신하여 질긴 식물의 소화를 돕기 위해 이 공룡들은 둥근 조약돌을 삼켰다. 이 돌멩이들은 위 속에서 질긴 음식을 갈아 주는 맷돌의 역할을 했다. 예를 들어 한 바로사우루스(*Barosaurus*)는 돌멩이를 삼키는 데 재미를 붙였던지 무려 64개나 되는 돌멩이를 삼켰다.

방귀 대장

어마어마한 양의 식물을 먹어치웠으니, 그것을 소화시키는 것 또한 만만치 않았을 것이다. 공룡들은 소화를 시키는 과정에서 아마도 엄청난 양의 천연 가스를 내뿜었을 것이다.

공룡의 생존 전략

이빨과 뼈 화석을 통해 그 공룡이 육식성이었는지 초식성이었는지 알아 낼 수는 있지만, 그것만으로는 공룡이 어떻게 살아갔는지 알 수 없다. 발자국 화석도 도움을 주긴 하지만, 고생물학자들은 다른 야생 동물들의 연구를 통해 공룡이 어떻게 살아가고 죽어 갔는지 추측한다.

★ 세상에 이런 일이!

움직이는 동작을 하고 있는 공룡의 화석은 잘 발견되지 않는데, 1971년에 몽고에서 놀라운 화석이 발견되었다. 서로 싸우다가 뒤엉켜 죽은 벨로키랍토르와 프로토케라톱스가 발견된 것이다. 육식 공룡인 벨로키랍토르는 프로토케라톱스 머리의 볏을 움켜쥔 채 발톱으로 복부를 가르고 있고, 초식 공룡인 프로토케라톱스는 머리에 나 있는 뾰족한 돌기로 벨로키랍토르의 가슴을 찌르고 있었다. 두 녀석은 거의 동시에 죽었고, 그 자세로 화석이 되어 수천만 년 동안 남아 있었던 것이다.

초식 공룡과 육식 공룡은 생존 전략이 서로 아주 달랐다. 초식 공룡의 주요 관심사는 충분한 먹이를 찾는 것보다 육식 공룡의 먹이가 되는 일을 피하는 것이었다. 초식 공룡은 어떻게 육식 공룡의 공격을 피하며 살아갔을까?

초식 공룡을 위한 생존 가이드

무리를 지어 다녀라!

공룡들도 여럿이 모여 다니면 안전하다는 사실을 알고 있었다. 그래서 이구아노돈은 큰 무리를 지어 다녔다. 새끼와 암컷들은 안전한 안쪽에 머물고, 몸집이 큰 수컷들은 무리의 가장자리에서 날카로운 발톱을 세우고 주위를 살폈다. 그러나 무리에서 뒤처지게 된 이구아노돈은 어딘가 숨어서 기회를 노리고 있는 육식 공룡의 먹이가 될 수밖에 없었다.

무적의 원형 방어진

각룡류는 위협을 받으면, 덩치가 큰 녀석들이 큰 원을 이루며 방어진을 만든 다음, 적을 향해 뿔을 내밀었다. 나머지 무리는 그 원형의 방어진 안에 숨었다.

마이아사우루스 어미의 새끼 사랑

몸 길이가 9 m인 초식 공룡 마이아사우루스(*Maiasaurus*)는 커다란 둥지에 알을 낳은 다음, 그 위에 썩어 가는 풀을 덮었다. 이것은 이상한 행동 같지만, 그렇지 않다. 썩는 풀에서 나오는 열이 알을 따뜻하게 해 주기 때문에 어미는 꼼짝 못 하고 알을 품고 있지 않아도 되었고, 자유로운 상태에서 알들을 지킬 수 있었다. 알에서 새끼가 나온 다음에는 어미는 먹이를 구하러 나가는 때를 빼고는 새끼를 옆에서 돌보았다. 먹이를 구하러 나갈 경우에는 근처에 있는 다른 어미들이 그 새끼들을 지켜 주었다.

삼십육계 줄행랑

초식 공룡이 순순히 육식 공룡의 먹이가 된 것은 아니었다. 타조처럼 생긴 힙실로포돈(*Hypsilophodon*)과 오르니토미무스(*Ornithomimus*) 같은 공룡은 강한 다리를 갖고 있어 단거리 경주와 장애물 경주의 챔피언이었다. 이들 공룡이 전속력으로 달리고 있는 모습이 목격된다면, 그것은 필시 위험을 피해 걸음아 날 살려라 하고 달아나는 중일 것이다.

물 속으로 숨기

고생물학자들은 발자국 화석을 분석한 결과, 거대한 초식 공룡들이 때로는 물 속으로 몸을 피함으로써 육식 공룡에게 잡아먹히는 위험에서 벗어났을 것이라고 추측한다.

겁주기

1970년대에 유행했던 끔찍한 나팔 바지를 펄럭이면서 유난을 떠는 사람들의 사진을 본 적이 있다면, 오우라노사우루스(*Ouranosaurus*)가 등에 난 커다란 돛을 펄럭이는 것이 얼마나 끔찍해 보이는지 상상할 수 있을 것이다. 대부분의 육식 공룡은 그 모습을 보고 겁을 먹고 달아났다.

질기고 맛없는 가죽

초식 공룡은 맛있게 보이는 것이 살아가는 데 좋은 게 아니라는 사실을 알게 되었다. 그래서 질기고 맛이 없는 것처럼 보이려고 애썼다. 지긋지긋한 학교 급식처럼 형편 없이 보이려고 말이다. 스테고사우루스(*Stegosaurus*)는 등, 어깨, 꼬리에 강하고 뾰족한 뿔을 달아 육식 공룡이 자기를 먹는 데 애를 먹게 하는 전략을 택했다. 스켈리도사우루스(*Scelidosaurus*)는 등에 못 같은 뿔들을 잔뜩 장식함으로써 육식 공룡이 감히 먹을 엄두도 내지 못하게 만들었다.

죽기 아니면 살기

최악의 순간이 닥쳐 육식 공룡에게 잡아먹히는 상황에 처해도, 초식 공룡이 그냥 순순히 날 잡아잡수 하고 몸을 내맡긴 건 아니었다. 아무리 포악한 육식 공룡도 먹이를 잡기 위해서는 사력을 다해 싸우지 않으면 안 되었다.

★ 요건 몰랐을걸!

디플로도쿠스는 3.5 m나 되는 꼬리로 공격자들을 후려쳤다. 또, 켄트로사우루스(*Kentrosaurus*)와 스테고사우루스는 날카로운 뿔이 난 꼬리로 공격자의 목에 심한 부상을 입힐 수 있었다. 초식 공룡인 유오플로케팔루스(*Euoplocephalus*)는 꼬리에 무게가 30 kg이나 나가는 거대한 뼈 뭉치가 달려 있었다. 그것을 이리저리 휘두르면, 아주 효과적인 방어 무기가 되었다. 그 대단한 꼬리를 한 번 휘두르면, 몸집 큰 육식 공룡인 티라노사우루스도 균형을 잃고 휘청거릴 정도였다.

트리케라톱스는 공격이 최선의 방어라고 믿었다. 위험에 처하면 트리케라톱스는 큰 뿔을 들이밀고 마치 코뿔소처럼 돌진했다. 완전히 자란 트리케라톱스는 무게가 5톤 정도 나갔기 때문에, 그 위력은 정말 대단한 것이었다.

즐거운 사냥

육식 공룡에게는 호락호락한 먹이가 없었다. 저녁 식사를 하려면 힘겨운 사냥을 해야 했다. 그렇지만 저녁거리인 초식 공룡들은 달아나는 기술이 한 수 위였다. 아무리 포악한 공룡이라 해도 살아남으려면, 어떻게 해서든 열심히 사냥을 해 먹이를 잡아야 했다.

자, 그러면 육식 공룡이 먹이를 사냥하는 여러 가지 비법을 살펴보자.

떼를 지어 공격한다

1960년대에 데이노니쿠스(*Deinonychus*) 네 마리의 화석 근처에서 거대 초식 공룡 테논토사우루스(*Tenontosaurus*)의 뼈가 발견되었다. 데이노니쿠스 네 마리는 테논토사우루스를 공격해 죽인 무리 중 일부일 것이다.

다른 육식 공룡과 협공한다

육식 공룡은 다른 공룡과 협력하여 먹이를 공격하기도 했다. 일부 발자국 화석에서는 알로사우루스나 벨로키랍토르 같은 뛰어난 사냥꾼조차 무리를 지어 사냥했음을 볼 수 있다. 녀석들은 아마도 거대 초식 공룡 무리를 습격하여 힘센 수컷들을 흩어지게 한 뒤, 약한 놈이나 새끼들을 잡아먹었을 것이다. 일단 사냥이 끝나면 협력 관계는 끝나고, 각자의 생활로 돌아갔다.

인내심을 가져라

미국 텍사스주에서 발견된 공룡 화석을 보면 육식 공룡의 인내심이 대단했다는 것을 알 수 있다. 그것은 공룡 두 마리의 발자국 화석이었는데, 하나는 몸집이 큰 브론토사우루스의 것이고, 다른 하나는 발가락이 세 개이고 몸집이 그보다 작은 육식 공룡 알로사우루스의 것이었다.

그 발자국은 상대방을 뒤쫓아가고 있었는데, 고생물학자들은 이것을 육식 공룡이 먹이의 뒤를 끈질기게 추격한 증거라고 생각한다. 인내심을 갖고 뒤쫓던 사냥꾼은 마침내 공격하기에 적절한 순간을 찾아 원하던 먹이를 손에 넣었을 것이다.

청소부 공룡

대부분의 화석은 육식 공룡이 직접 먹이 사냥을 했다는 것을 보여 준다. 그러나 미국 유타 주에서 말라붙은 타르 웅덩이를 발굴한 과학자들은 깜짝 놀랐다. 그 곳에서는 디플로도쿠스와 같은 초식 공룡의 뼈가 수백 개나 나왔는데, 알로사우루스 같은 육식 공룡의 뼈도 함께 나왔기 때문이다.

이것은 육식 공룡이 사냥만 한 것이 아니라, 때로는 죽은 고기를 먹는 청소부 동물이었음을 보여 준다. 타르 늪에 빠진 초식 공룡의 울음소리를 듣고 온 육식 공룡이 먹이를 덮치려는 순간, 그놈 역시 타르에 빠져 함께 죽어 간 것이다.

법정에 선 티라노사우루스

육식 공룡이 죽은 고기를 먹었다는 증거에 일부 과학자들은 큰 충격을 받은 나머지, 육식 공룡이 정말로 포식 동물이었는지 의문을 품기 시작했다. 육식 공룡이 정말로 사냥으로 먹이를 구한 것이 아니라, 이미 죽거나 부상당한 동물을 먹고 산 청소부 동물은 아니었을까? 이런 의문을 풀기 위해 과학자들은 티라노사우루스를 집중적으로 연구했다.

영어 시험이나 번지 점프보다 더 끔찍하고 무서운 티라노사우루스는 1902년에 처음으로 발견된 이래, 공룡 세계에서 가장 포악한 포식자로 확고하게 자리를 잡았다.

티라노사우루스 렉스는 지금까지 발견된 육식 공룡 중 몸집이 가장 크다. 키가 6 m 이상이고, 면도칼처럼 날카로운 이빨은 길이가 18 cm나 된다. 또, '포악한 도마뱀 왕'이란 뜻의 이름에 걸맞게 아주 난폭했다. 그러나 마침내 고생물학자들은 티라노사우루스의 화석을 다시 자세히 조사하고, 그 사냥 기술을 분석해 보기로 결정했다.

그러자 다른 과학자들이 즉각 티라노사우루스의 편을 들고 나섰다. 양쪽 과학자들의 주장을 듣고 티라노사우루스가 포식자였는지 죽은 고기를 먹고 산 청소부 동물이었는지 결정하기 전에, 수천만 년 전으로 돌아가서 티라노사우루스가 어떻게 사냥을 했는지 그 장면을 재현해 보자.

그러나 정말로 그랬을까? 티라노사우루스를 옹호하는 쪽은 물론 이 만화와 같다고 생각하겠지만, 반대쪽 고생물학자들은 다른 증거를 제시했다.

변호측 고생물학자 1

"티라노사우루스는 완벽한 포식 동물입니다. 녀석은 힘이 무척 셌고, 시속 40 km로 달릴 수 있었다는 증거가 있어요. 물론 그런 속도로는 잠깐 동안만 달릴 수 있었지요. 그렇지만 숨어 있다가 먹이를 기습 공격하는 데에는 충분했습니다."

공격측 고생물학자 1

"우리가 연구한 바로는 티라노사우루스의 정강이뼈와 넓적다리뼈는 사람의 그것과 길이가 같았습니다. 이것은 티라노사우루스가 시속 24 km 이상으로는 달릴 수 없었다는 걸 말해 줍니다. 다시 말해서, 사냥을 한다면 먹이를 놓칠 확률이 높다는 이야기입니다. 게다가, 티라노사우루스는 무게중심이 높기 때문에 몸의 균형을 잡기 어려웠을 겁니다. 만약 녀석이 모퉁이를 빨리 돌다가 넘어지기라도 하면 다시 일어나기

어려웠을 겁니다. 결국 티라노사우루스는 결코 포식자가 될 만큼 충분히 민첩하지 못했습니다."

변호측 고생물학자 2

"말도 안 되는 소리입니다! 티라노사우루스가 물어뜯는 힘과 오늘 우리가 볼 수 있는 사자가 물어뜯는 힘을 비교해 보았더니, 티라노사우루스의 힘이 사자보다 세 배나 강했습니다. 물어뜯는 힘이 그렇게 강하다는 것은 살아 있는 먹이를 신속하게 해치울 때에나 필요한 것입니다."

공격측 고생물학자 2

"우리도 비교 연구한 게 있습니다. 티라노사우루스의 뇌에서 냄새와 관련된 부분은 청소부 동물로 알려진 독수리를 제외하고는 지구상의 어떤 동물보다 컸습니다. 또, 티라노사우루스가 팔로 185 kg의 무게를 들어올릴 수는 있었다지만, 팔

은 팔꿈치에서 겨우 5 cm만 돌릴 수 있었습니다. 이러한 사실로 미루어볼 때, 티라노사우루스는 살아 있는 동물을 잡아먹기보다는 죽은 고기를 먹고 산 청소부 동물임이 분명합니다."

판결은 어떻게 내렸을까?

배심원 과학자들은 티라노사우루스에 대한 판결을 아직도 내리지 못하고 있다. 그렇지만 여러분 나름대로 판정을 내려 볼 수는 있을 것이다. 티라노사우루스는 포악한 포식자였을까? 아니면, 죽은 고기를 먹고 산 청소부 공룡이라고 이름을 다시 지어 줘야 할까?

앞으로도 논란은 계속될 것이다. 그렇지만 공룡에 푹 빠진 사람들 덕분에 언제 또 다른 발견이나 이론이 나타날지 어떻게 알겠는가?

고리타분한 고생물학자

화석 사냥꾼, 공룡 탐정, 고생물학자…. 어떤 이름으로 불리건 간에 그들은 모두 한 가지 공통점을 갖고 있다. 바로 공룡에 홀딱 빠졌다는 것이다.

자, 이제부터 여러분도 고생물학자가 될 소질이 있는지 한 번 테스트해 보자. 테스트는 아주 간단하다. 아래의 두 가지 중에서 더 좋은 것 하나를 선택하라.

A. 복권에 당첨되는 것.
B. 살아 있는 티라노사우루스와 잠시 함께 지내는 것.

A를 선택한 사람은 고생물학자가 되기에는 너무 현실적이다. B를 선택한 사람은 이미 공룡에 완전히 빠진 사람이다. 축하한다. 여러분은 고생물학자가 될 소질이 충분하다!

명예의 전당

다음에 소개하는 초기의 고생물학자들은 공룡에 완전히 푹 빠진 사람들이다.

윌리엄 버클랜드
(William Buckland ; 1764~1856)

버클랜드는 옥스퍼드 대학 최초의 지질학 교수였다. 그는 화석을 발굴하다가 거대한 육식 공룡의 화석을 확인하고, 그

것에 메갈로사우루스(*Megalosaurus* : '거대한 파충류' 란 뜻)란 이름을 붙여 주었다.

그 후로 메갈로사우루스는 '쓰레기통' 공룡으로 불렸다. 왜냐하면, 그 후 오랜 동안 커다란 육식 공룡의 뼈는 무조건 메갈로사우루스의 것으로 분류되었기 때문이다. 그런데 버클랜드도 일종의 인간 쓰레기통이었다. 그는 대단한 익살꾼인데다가 달팽이 수프, 코뿔소 파이를 비롯해 무엇이든 먹는 것으로 유명했기 때문이다. 그는 애완용 곰을 파티에 데리고 나타나곤 하는 괴짜였다.

리처드 오언(Richard Owen ; 1804~1892)

리처드 오언은 공룡이란 이름을 지어준 사람이다(17쪽 참고). 공룡을 발견한 것을 기념하고, 또 그가 얼마나 공룡에 깊이 빠졌는지 모두에게 보여 주기 위해, 그는 1852년 런던의 수정궁에 실물 크기의 공룡 모형을 만드는 일의 총책임자로 임명되었다(그 공룡 모형은 지금도 수정궁에 가면 볼 수 있다).

그 모형을 완성하는 데에는 1년이 걸렸다. 그것을 기념하기 위해 오언은 19명의 고위 인사를 모형 이구아노돈의 뱃속에

마련한 연회석으로 안내했다. 그는 그 행사를 처음부터 높이 띄우기 위해 익수룡의 날개 모양으로 만든 초대장을 만들어 보내기까지 했다.

퍼디낸드 헤이든(Ferdinand Hayden ; 1829~1887)

1856년, 미국의 지질학자 헤이든은 공룡에 푹 빠진 덕분에 목숨을 구했다. 그는 북아메리카에서 최초로 공룡 뼈들을 발견하고 기뻐서 어쩔 줄 몰라했다. 그러나 안타깝게도, 그것은 수족 인디언의 영토 안에 있었다.

인디언이 헤이든을 사로잡았을 때, 그들은 그가 총이 아닌 오래 된 돌덩어리들을 꽉 움켜잡고 있는 것을 보고 의아하게 생각했다. 인디언 추장은 돌을 귀중하게 생각하는 그를 미친 사람으로 여기고, 다음과 같은 말과 함께 풀어 주었다.

로이 채프먼 앤드루스(Roy Chapman Andrews ; 1884~1960)

앤드루스는 제1차 세계 대전 때 고래를 연구한 뒤에(그러

면서 연합군의 스파이로도 활동했다) 고생물학에 뛰어들었다. 탐험대를 이끌고 몽고 사막에 갔을 때, 그는 60°C에 이르는 더위와 뱀과 산적과 싸워야 했다. 그러나 그런 어려움 속에서도 벨로키랍토르와 사우로르니토이데스의 화석을 발견했고, 또 처음으로 공룡 알을 찾아 냈다.

앤드루스는 화석을 파내는 일에 서툴러 실수를 저지르기도 했다. 그래서 박물관의 연구자들은 손상된 화석은 무조건 '앤드루스가 발굴한 것'이라고 말하곤 했다. 그렇지만 그의 열성은 대단해서 영화 〈인디아나 존스〉에 나오는 주인공의 모델이 되었다.

롤랜드 버드(Roland Bird ; 1899~1978)

현대의 고생물학자 버드는 공룡에 푹 빠진 나머지 죽음조차 두려워하지 않았다. 공룡에 대한 자신의 열정을 모두에게 기억시키기 위해 그는 자신의 묘비마저도 브론토사우루스 모양으로 만들어 달라고 부탁했다.

도를 지나친 두 고생물학자의 경쟁

공룡에 심취한 고생물학자들 중에서도 정도가 심한 두 사람이 있었다. 그 두 사람은 모두 미국인이었는데, 공룡의 화석을 찾기 위해서라면 아무리 거친 곳이라도 마다하지 않았다. 두 사람 사이의 경쟁도 도를 지나쳐 '뼈 전쟁'이라고까지 불렸다. 그 두 사람은 에드워드 코프(Edward Cope ; 1840~1897)와 오스니얼 마시(Othniel Marsh ; 1831~1899)였다.

마시

코프

치열한 경쟁에 얽힌 놀라운 사실 10가지

1. 에드워드 코프는 필라델피아에서 태어났다. 그는 퀘이커교도였고, 후에 펜실베이니아 대학의 교수가 됐다. 그는 여섯 살 때 히드라쿠스(*Hydrachus*)라고 하는 길이 30 m의 바다 동물 화석을 보고 고생물학자가 되겠다는 꿈을 키우게 되었다. 그러나 그 화석은 나중에 가짜로 밝혀졌다.

2. 오스니얼 마시도 어린 시절부터 세계 최고의 고생물학자가 되겠다는 꿈을 품었다. 마시는 부유한 집안에서 태어났다. 그는 1860년에 부유한 숙부를 설득해 예일 대학에 자연사 박물

관을 지어 주게 하고, 자신이 관장을 맡음으로써 예일 대학에서 최초의 고생물학 교수가 되었다.

3. 두 사람의 경쟁은 1868년에 코프가 바다 파충류인 엘라스모사우루스(*Elasmosaurus*)에 관한 책을 출판하면서 시작되었다. 코프는 그 동물의 모습을 기술하면서 몇 가지 실수를 저질렀는데, 심지어는 머리를 엉뚱하게 반대쪽에 갖다 붙이는 치명적인 실수를 저질렀다. 마시는 즉시 그 실수를 발견하고, 코프에게 잘못을 지적해 주었다.

4. 코프는 자신의 실수를 인정하고 이미 출판된 책들을 모두 사들이기로 결정했다. 그래서 모든 책을 도로 사들였지만, 마시가 소유하고 있던 두 권은 끝내 사들이지 못했다. 마시가 끝까지 내놓지 않았던 것이다.

5. 그 때부터 코프는 마시를 결코 용서할 수 없었다. 그 후, 두 사람은 상대방보다 더 많은 공룡 화석을 발견하기 위해 미국 서부를 샅샅이 뒤지기 시작했다. 공룡에 완전히 빠졌던 두 사람은 130여 종의 공룡을 확인했고, 알로사우루스, 아파토사우루스, 디플로도쿠스, 스테고사우루스, 하드로사우루스 등의 화석을 발견했다.

6. 코프와 마시는 최초의 공룡 화석 발견자로 인정받기 위해

서두른 나머지, 상대방이 이미 비슷한 화석을 발견했는지조차 확인하려고 하지 않았다. 그래서 똑같은 공룡을 각각 다른 이름으로 발표하는 일이 종종 일어났다.

7. 두 사람은 서부의 개척자나 인디언 원주민이 방해해도 결코 물러서지 않았다. 한번은 코프가 인디언에게 포위된 적이 있었는데, 그는 틀니를 빼내 흔듦으로써 위기를 모면했다고 한다. 인디언은 자신의 이빨을 뽑아 흔드는 그의 행동을 놀란 눈으로 바라보고는, 공격을 포기했다. 그런 용감한 행동을 하는 사람은 일찍이 본 적이 없었으니까.

8. 마시는 인디언과 자기 나름의 방식으로 협상함으로써 문제를 피하려고 했다. 한번은 평화 협상이 성공적으로 끝난 후, '붉은 구름'이라는 이름의 인디언 추장은 부하들을 시켜 마시를 호위해 주기까지 했다.

9. 코프는 경쟁자인 마시에 대해 생각만 해도 분노가 솟아올랐다. 그래서 한 장소를 발굴한 후에는 마시가 그 곳을 발굴하지 못하도록 다이너마이트로 폭발시켜 버리기도 했다.

10. 도를 지나친 두 사람의 경쟁은 코프가 죽을 때까지 계속되었다. 마지막 순간까지도 코프는 경쟁자를 공격하는 것을 잊지 않았다. 그는 어느 포유류 화석에 아니스콘쿠스 코프헤이터(Anisconchus cophater)라는 이름을 붙여 주었는데, 그것은 '톱니 이빨을 가진, 코프를 미워하는 동물'이란 뜻이다.

화석이 들어 있는 암석

코프와 마시는 결코 화해하지 않았지만, 공룡 화석을 발견하는 것만큼은 어느 누구보다도 뛰어났다. 화석을 발견하는 것은 쉬운 일이 아니다. 화석이 "나 여기 있다" 하면서 발견되길 기다리고 있는 것은 아니니까. 그러나 예리한 고생물학자는 화석이 들어 있는 암석을 알아 내는 비상한 재주가 있다. 여러분도 다음 설명만 들으면 알 수 있을 것이다.

어떤 암석에 화석이 들어 있을까?

암석은 크게 변성암, 화성암, 퇴적암의 세 종류로 분류한다. 할머니께서 실수로 잘못 만드신 딱딱한 과자는 아무리 돌처럼 딱딱하다 하더라도, 암석으로 분류되지 않는다.

암석은 어떻게 만들어지나?

화강암 같은 **화성암**은 지하 깊은 곳에 있는 뜨거운 마그마(암석이 녹은 상태인 용암)가 식어서 만들어진다. 따라서, 화성암에는 절대로 화석이 들어 있을 수 없다. 다만, 가끔 화산재나 식어 가는 용암에 동물이 갇혀 화석이 되는 경우는 있다.

퇴적암은 모래나 진흙 따위의 침전물이 쌓여서 자체 무게에 의해 짓눌려 암석으로 변한 것이다. 사암, 석회암, 백악 등이 퇴적암이다. 퇴적암에는 화석이 들어 있는 경우가 많다.

변성암은 퇴적암이나 화성암이 화산 활동에 의해 고온에서 변형된 것이다. 높은 열과 압력의 작용으로 퇴적암이나 화성암이 점판암과 같은 변성암으로 변하게 되는데, 이 때에는 그 속에 들어 있던 화석도 부서지기 쉽다.

무지개떡 같은 퇴적암

퇴적암은 무지개떡처럼 층층이 쌓여 만들어지기 때문에, 그 화석이 어느 시대에 만들어졌는지 알아 내는 데 유용하다. 퇴적암을 파내려 가는 것은 시간을 거슬러 올라가는 여행을 하는 것과 같다. 위층에 있는 동물이나 식물의 화석은 그리 오래 되지 않은 것이고, 아래로 내려갈수록 그 속에서 발견되는 화석들은 오래 된 것이다.

초기의 고생물학자들은 같은 층에서 발견된 화석들은 거의 같은 시대의 것이라는 사실을 깨달았다. 이것을 바탕으로 그들은 같은 시대에 살았던 공룡들을 알아 낼 수 있었다. 그러나 이 방법에는 결점도 있다. 만약 암석층이 뒤바뀌거나 뒤틀린다면 연대 측정이 잘못될 수도 있다.

> 오늘날의 고생물학자들은 화석에서 발견된 공룡이 살던 시대를 알아 내기 위해 훨씬 더 정확한 방법을 사용한다. 각각의 암석층에 들어 있는 방사성 원소의 양이 각기 다른데, 그 양을 측정함으로써 그 암석층에서 발견된 동물이 언제 살았는지 알 수 있다. 이 방법을 방사성 연대 측정 방법이라 부른다. 이 방법은 몇백만 년의 오차 이내에서 정확하게 시대를 측정할 수 있다. 몇백만 년이라면 엄청나게 긴 시간으로 들릴지 모르지만, 지질 시대의 기준으로는 아주 짧은 시간이다.

화석 사냥꾼

 암석에 관한 이런저런 이야기와 방사성 연대 측정 방법에 관한 이야기를 듣고서, 여러분은 고생물학자가 되려면 천재가 되어야 하나 보다 하고 걱정할지도 모르겠다. 그러나 학교 성적이 좋지 않다고 해서 고생물학자로 성공하지 못할 것이라고 지레짐작할 필요는 전혀 없다.

 대부분의 공룡 연구자들이 지질학이나 동물학 학위를 갖고 있고, 복잡한 현대 기술을 사용하는 것이 사실이긴 하지만, 때로는 정말 뜻밖의 간단한 방법으로 놀라운 발견을 하게 되는 경우도 있다.

1. 1890년대에 농부였다가 화석 사냥꾼이 된 존 벨 해처(John Bell Hatcher)는 작은 것의 도움을 받아 큰 문제를 해결했다. 그는 공룡 시대에 함께 살았던 작은 포유류 동물의 화석을 찾고 있었는데, 매일 그가 찾아 내는 거라곤 이빨 화석 한두 개뿐이었다. 그러던 어느 날, 그는 기발한 방법을 생각해 내 하루에 87개의 이빨 화석을 찾아 냈다.

그는 자기가 직접 화석을 찾는 대신에 개미들에게 그 일을 시켰다. 그 이빨 화석은 개미들이 개미집 위에 쌓아올리는 작은 돌멩이와 크기가 똑같았다. 이제 해처는 단지 개미집 언덕을 파내 체로 걸러 내기만 하면 그 화석들을 얻을 수 있었다.

2. 바넘 브라운(Barnum Brown)은 19세기 말에 활동한 최고의 고생물학자였다. 그는 옷을 깔끔하게 입는 것을 좋아했는데, 옷이 더러워질까 봐 땅 파는 것을 싫어했다. 고생물학자가 그런다는 건 분명히 큰 문제였다. 그러나 브라운은 놀라운 재주로 그러한 단점을 충분히 만회할 수 있었다. 그 비결은 냄새를 잘 맡는 것이었다. 그가 공룡 냄새를 맡을 수 있었다고 주장하는 사람도 있는데, 정말로 그랬던 것 같다. 그는 티라노사우루스, 센트로사우루스, 코리토사우루스, 사우롤로푸스 등의 뼈를 자주 찾아 냈으니까.

3. 할리 가버니(Harley Garbani)는 1920년에 태어나 캘리포니아의 농장에서 자랐다. 그는 여덟 살에 낙타 뼈 화석을 찾아

냈는데, 그 후로 공룡 화석을 찾는 일에 관심을 갖게 되었다. 그런데 가버니는 전문적인 훈련을 받은 고생물학자가 아니라, 능숙한 배관공이었다. 그런데도 불구하고, 그는 가장 훌륭한 공룡 사냥꾼 중 한 사람으로 꼽힌다. 1966년에 그는 세계에서 네 번째로 티라노사우루스의 화석을 찾아 냈다. 그 후로 그는 관 속에 들어가 일하는 것을 아예 그만두고, 티라노사우루스의 화석을 두 개나 더 찾아 냈다. 전세계의 나머지 사람들이 발견한 것이 모두 여덟 개였는데, 그는 혼자서 세 개나 발견한 것이다. 화석을 잘 찾아 내는 비결이 뭐냐고 질문을 받았을 때, 그는 단지 운이 좋았을 뿐이라고 대답했다.

4. 캐나다의 고생물학자 필 커리(Phil Currie)는 조심성이 없는 것이 계기가 되어 운 좋게도 엄청난 발견을 했다. 한 탐험대에 소속되어 있을 때, 그는 카메라 케이스를 언덕 아래로 떨어뜨리고 말았다. 그래서 그것을 찾으려고 언덕 아래로 내려갔는데, 그것이 거대한 공룡의 두개골 위에 놓여 있었던 것이다.

> ★ 세상에 이런 일이!
>
> 1899년, 북아메리카에 있는 한 사막에서 공룡 화석 발굴지가 발견되었을 때, 그 곳은 고생물학자들에게 그야말로 축복의 땅이었다. 그 곳에는 스테고사우루스, 아파토사우루스, 디플로도쿠스 등의 뼈들이 널려 있었는데, 공룡 화석이 너무나 많아서 양치기가 그것으로 오두막을 지었을 정도였다. 돌이나 나무보다 더 많이 눈에 띄었다니까!

위험이 따르는 발견

 공룡을 찾는 일은 멋진 일이기도 하지만, 대단히 위험한 일이기도 하다. 공룡 사냥꾼 중에는 그들이 찾고 있던 공룡처럼 완전히 지구상에서 영영 사라질 뻔한 사람도 있었다. 여러분도 공룡 화석을 찾아나설 생각이라면, 공룡 탐험가로서 반드시 해야 할 일과 해서는 안 될 일을 명심해야 한다.

반드시 해야 할 일—의료 장비를 챙겨라. 공룡이란 녀석만 고생물학자들의 정신을 빼놓는 것이 아니다. 북아메리카에서는 공룡 사냥꾼이 방울뱀에 물린 적도 있고, 아프리카 동쪽에서 화석을 연구하던 프라스(Fraas) 교수는 이질에 걸려 고향으로 되돌아가야 했다.

반드시 해야 할 일—다른 화석 사냥꾼들을 조심해라. 초기에

는 화석을 찾는 일에 너무 집착한 어떤 사람들은 경쟁자를 총으로 쏘기도 하고, 다른 사람이 발견한 화석을 훔치기도 했다.

반드시 해야 할 일—다른 사람의 충고에 귀를 기울여라. 미국의 젊은 공룡 사냥꾼 헨리 오스본(Henry Osborn)이 1880년에 와이오밍주로 탐험을 떠났을 때, 한 금광 채굴업자가 "젊은이, 모자에 챙을 달게, 그러지 않으면 크게 고생할 거야."라고 충고했다. 다행히도, 오스본은 그 충고를 받아들였다. 만약 그 충고를 듣지 않았다면, 그는 햇빛에 너무 심하게 타거나 일사병으로 고생했을 것이다. 공룡 화석은 대개 발굴하기 힘든 지역에서 발견된다. 가장 유명한 공룡 화석 발굴지 중 한 곳은 몬태나주의 배들랜드에 있는데, 이 곳은 너무 더워서 헬크릭(Hell Creek : 지옥의 강)이라고 불린다.

반드시 해야 할 일—자주 위를 올려다보라. 고생물학자는 발굴에 몰두한 나머지 바위가 떨어지는 것을 모를 수 있다.

절대로 하지 말아야 할 일—허가 없이 발굴하지 마라. 1992년 5월, FBI 요원 30명이 사우스다코타 주에 있는 블랙힐스 연구소를 급습하여 세계에서 가장 큰 티라노사우루스인 수(Sue)를 압수했다. 그 이유는 그 화석이 수족 인디언 보호 구역에서 발견되었기 때문에 법적으로 인디언 소유라는 것이었다.

절대로 하지 말아야 할 일—너무 정신을 팔지 마라. 어떤 멍청한 공룡 사냥꾼은 공룡 뼈를 찾는 데 정신이 팔려 어디로 가고 있는지도 모르고 가다가 벼랑 아래로 떨어진 적도 있다.

절대로 잊지 말아야 할 일—교통 수단을 확인하는 걸 잊지 말 것. 1888년, 토머스 웨스턴(Thomas Weston)은 캐나다 앨버타 주에 있는 레드디어 강의 협곡을 탐색하려고 커다란 배를 만들기로 했다. 그리고 물 위에 떠 있는 그 배를 본부로 삼기로 했다. 배가 완성되자, 웨스턴은 대원들과 장비를 싣고 즐거운 마음으로 출발했다. 그러나 강을 따라 13 km쯤 갔을 때 배에 물이 새기 시작했고, 그의 계획은 완전히 엉망이 되어 버렸다.

물에 흠뻑 젖어 강둑에 겨우 기어오른 웨스턴은 우두커니 앉아서 배가 물 속으로 가라앉는 것을 지켜보아야 했다.

공룡 화석 파내기

발굴지에서 몇 개의 화석을 발견하고 돌아왔다면, 여러분은 아마 축하 파티를 열 것이다. 그러나 즐거운 파티를 즐기기 전에 먼저 그 공룡 화석을 파내야 한다. 공룡 사냥꾼은 발굴 작업을 위해 다양한 장비를 사용한다. 성공적인 발굴 작업을 위해서는 다음 장비들 중 어떤 것들이 필요할까?

A. 공기 드릴
B. 불도저
C. 치과 드릴
D. 소석고
E. 다이너마이트
F. 화학 약품

답 : A, C, D, F

A. 공기 드릴은 단단한 암석을 뚫을 때 사용한다. 공기 드릴을 사용할 때에는 절대로 한눈을 팔아서는 안 된다. 살짝만 미끄러져도 화석을 망칠 수 있기 때문이다. 그렇게 되면 그 때까지의 공들인 탑이 한순간에 와르르 무너지고 만다.

B. 불도저를 사용한다는 말에 고생물학자들이 크게 화를 낼지도 모르겠다. 그러나 때로는 본격적인 발굴 작업에 들어가기 전에 불도저가 사용되기도 한다. 티라노사우루스가 미국의

헬크릭에서 발견되었을 때, 육군 공병대가 불도저를 이용해 발굴 현장으로 가는 길을 닦았다. 또, 화석을 운반하는 데 트레일러 트럭도 사용되었다. 고생물학자들은 발굴한 화석을 다양한 방법으로 운반한다. 낙타, 노새, 심지어 코끼리까지도 이용된다.

C. 치과 드릴 소리는 생각만 해도 끔찍하다. 그러나 실험실로 돌아온 고생물학자들이 그것으로 작은 화석에 붙어 있는 암석 조각을 떼어 낼 때에는 부드러운 음악 소리로 들릴 것이다. 화석에서 모래나 실트를 제거하여 깨끗하게 하기 위해 칫솔을 사용하기도 한다.

D. 발굴 현장에서 운반해 오기 전에 화석을 보관하는 가장 좋은 방법은 소석고를 씌우는 것이다. 이 방법은 1877년에 의사들이 환자의 부러진 뼈를 석고로 고정하는 것을 보고 마시가 개발했는데, 지금도 널리 사용되고 있다.

E. 다이너마이트를 잘못 사용했다간 공들여 쌓아 온 모든 경력이 물거품이 될 수 있다. 초기에 일부 과학자들은 화석이 들어 있는 암석층의 윗부분을 폭파하기 위해 다이너마이트를 사용했는데, 이것은 큰 문제점이 있다. 불필요한 암석뿐만 아니라 공룡 뼈까지 부서질 수 있다는 것!

F. 과학자의 실험실에 화학 약품이 없다는 것은 말도 안 되는 이야기다. 가끔은 부글거리는 화학 약품을 사용해야만 화석을 암석에서 떼어 낼 수 있다.

사라져 가는 공룡들

여러분은 이렇게 힘들게 발굴한 공룡 화석이 다시 사라지는 일은 없을 것이라고 생각할지도 모른다. 그러나 그렇지 않다. 공룡 화석은 세계 도처에서 예상치 못한 일로 사라지고 있다. 다음 신문 기사를 읽고 어떤 일들이 일어나는지 알아보자.

재가 된 공룡 화석
(1916년)

지질학 교수 미뇬 톨벗(Mignon Talbot)은 지난 밤 마운트 홀리오크 대학의 지질학 박물관에서 발생한 화재 소식을 듣고 허탈한 마음을 감추지 못했다.

화재로 박물관이 완전히 불에 타 사라셨을 뿐만 아니라, 여러 소장품들과 함께 박물관이 자랑하던 포도케사우루스의 화석도 재로 변했다. 5년 전에 그것을 발견한 톨벗 교수는 안전하게 보존되길 바라며 그 화석을 박물관에 기증했던 것이다.

포도케사우루스, 잿더미에서 살아나다

불사조의 전설처럼, 몇 달 전의 그 끔찍한 화재에서 재로 변했던 공룡, 포도케사우루스가 다시 제 모습을 찾을 수 있을 것 같다. 그 공룡을

처음 발견한 주인공, 톨벗 교수는 예일 대학 박물관으로부터 반가운 소식을 전해 들었다. 포도케사우루스 화석이 화염 속에서 사라지기 전에 그것의 주형을 떠 놓은 것이 보관되어 있다는 것이다. 결국 포도케사우루스는 고생물학계에서 아주 사라진 것이 아니었다.

한 줌 먼지로 변한 공룡들 (1944년)

독일의 고생물학자 에른스트 슈트로머(Ernst Stromer)가 공룡 화석을 발견했을 때 느꼈던 기쁨과 행복감은 먼지 속으로 사라지고 말았다. 1920년대부터 1930년대에 이르기까지 이집트의 사막에서 발굴 작업을 했던 그는 아이깁토사우루스와 바하리아사우루스 같은 새로운 공룡을 발견했다. 그리고 그것들이 안전하게 보존되기를 바라며 독일에 있는 박물관에 기증했다. 그러나 그는 제2차 세계 대전이 일어나리라고는 예상하지 못했다. 최근에 벌어진 폭격으로 슈트로머가 발굴한 공룡 화석들은 모두 먼지로 변하고 말았다.

공룡 탐정

미국의 공룡 박사, 마시 교수는 코네티컷 주의 한 채석장에서 안키사우루스의 등부분 뼈를 찾은 후, 잠시 사립 탐정이 된 기분을 즐겼다고 한다.

그는 공룡의 머리 부분이 사라진 이유를 밝혀 냈다. 공룡 머리 부분이 들어 있던 암석은 채석장에서 운반돼 석조 건축물의 일부로 사용됐다는 것이다.

없어진 부분을 찾기 위해 백방으로 수소문한 끝에 그것이 다리 건설 현장으로 보내졌다는 사실을 알고 찾아갔지만, 이미 때는 늦었다고 한다. 마시 교수는 "안타깝

게도 제가 좀 늦었더군요. 안키사우루스의 뼈가 들어 있는 그 석재는 이미 다리를 건설하는 데 사용된 뒤였습니다. 다리를 완전히 허물지 않고는 그것을 되찾을 방법이 없습니다. 어쨌든 그 다리를 허물 때까지 그 화석은 그 곳에 있을 수밖에 없습니다." 라고 말했다.

움직이는 발가락 화석 (1996년)

오스트레일리아 경찰은 세계에서 유일한 스테고사우루스의 발자국 화석들이 여기저기로 옮겨 가고 있다고 발표했다.

경찰에 따르면, 도둑들이 강력한 도구를 사용해 오스트레일리아 동북부 지방에 있는 암석에서 발자국 화석을 떼어 갔다는 것이다. 그 발자국 화석은 1억 3000만 년 이상이나 그 곳에 있었다.

여러분도 공룡 화석을 찾을 수 있다!

그나마 다행인 것은 공룡 화석이 실종되는 일이 흔하지는 않다는 것이다. 보통 6주일에 공룡 화석이 하나씩 발견되는 추세로 본다면, 앞으로도 새로운 종이 더 많이 발견될 것이다.

"나는 공룡 화석을 발견할 만한 운이 없어."라고 걱정하는 사람들에게 좋은 소식이 있다. 많은 화석들은 보통 사람들이 발견했다는 것! 일본에서 발견된 공룡 화석의 거의 절반은 학생들이 발견했다. 또, 세이스모사우루스는 길 가던 사람이 발견고. 뉴질랜드에서는 모든 공룡 화석을 단 한 명의 아마추어 고생물학자, 조안 위펜(Joan Wiffen)이 발견했다.

이제 여러분은 어디를 찾아야 할지 알고 있으니까, 얼마든지 공룡 화석을 찾을 수 있을 것이다. 그러나 운이 좋아서 그것을 찾는다 해도, 일이 거기서 끝나는 것은 아니다….

출동, 공룡 탐정!

공룡 화석을 발견하는 것보다 더 힘든 일이 있다면, 그것은 그 공룡이 어떤 모양이었는지, 그리고 어떻게 살았는지 알아내 복원하는 일이다. 이것은 완성된 그림이 어떤 모양인지도 모른 채, 심지어 조각들이 모두 있기나 한지도 모른 채 조각그림 맞추기를 하는 것과 비슷하다. 이것은 고생물학자라면 누구나 마주치는 문제이다. 그런 문제는 예리한 탐정의 입장에서 끈기 있게 탐구하고 추리해야만 풀 수 있다.

가짜 화석

화석 발굴이라는 힘든 작업에서는 종종 실수가 일어나게 마련이다. 어떤 사람들은 화석을 발견하고 싶은 열망이 너무 강한 나머지 새와 악어의 뼈를 공룡 뼈라고 착각하기도 했다. 심지어 나무 조각을 공룡 뼈로 착각한 사람도 있었다. 공룡 탐정이 맨 먼저 해야 할 일은 가짜 화석을 가려 내는 것이다.

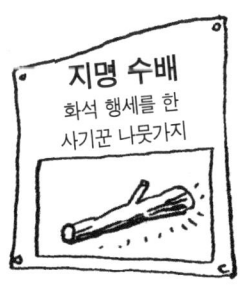

무시당한 공룡

콤프소그나투스가 처음 발견된 것은 1861년이었다. 그러나 그것은 몇 년이 지난 후에야 비로소 공룡으로 인정받았다. 콤프소그나투스는 몸집이 작은 육식 공룡이었는데, 그것을 발견한 안드레아 와그너는 공룡은 모두 몸집이 크다고 생각했기 때문에 그 화석을 무시했던 것이다. 약 10년이 지난 후에야 다른 고생물학자 토머스 헨리 헉슬리(Thomas Henry Huxley)가 그것이 공룡 화석이란 사실을 밝혀 냈다.

정체가 잘못 확인된 경우

몇몇 작은 화석 조각들을 잘못 분석하는 것은 이해할 수 있는 일이다. 그러나 1923년에 공룡 한 마리 전체를 완전히 잘못 해석한 일이 있었다. 새로운 공룡을 발견한 것을 축하하면서 고생물학자들은 그 공룡에 고르고사우루스(Gorgosaurus)란 이름을 붙여 주었다. 그것은 두 다리로 걸어다닌 알베르토사우루스(Albertosaurus)와 비슷하게 생겼지만 그보다 가냘프고 머리가 작았다. 그런데 나중에 알고 보니, 고르고사우루스는 실제로 알베르토사우루스의 새끼였던 것이다. 그 멍청한 과학자들은 새로운 종의 공룡을 발견한 것이 아니었다!

지긋지긋한 복원 작업

완전한 공룡 뼈를 찾아 내는 일은 교장 선생님이 손뼉을 치며 크게 웃는 모습을 보는 것보다 더 힘들다. 뒤죽박죽이 된 뼈들을 가지고 공룡이 어떤 모습이었는지 복원하기 위해 고생물학자들은 골머리를 썩인다. 그들은 단서를 얻기 위해 오늘날 살고 있는 동물들의 골격을 연구하기도 한다. 그렇다고 해도 실수는 막을 수 없다. 리처드 오언이 만든 실제 크기의 이구아노돈 모형은 오히려 실제 모습과 닮지 않은 데가 더 많았다. 오언은 그 공룡의 코에 엄지발가락을 얹어 놓는가 하면, 그것이 네 다리로 기어다닌 것으로 착각했다.

또, 헨리 오스본이 처음에 복원한 티라노사우루스를 본 고생물학자들은 뭔가 이상하다고 느꼈다. 눈을 콧구멍 속에 끼워 놓았으니 말이다.

머리만 제외하고는 모든 골격이 완전한 아파토사우루스의 화석이 발견된 적이 있었다. 그런데 우연히도 카마라사우루스(*Camarasaurus*)라는 공룡의 머리도 근처에서 발견되었다. 그래서 발굴자는 조금도 의심하지 않고 그 머리를 아파토사우루스의 몸에다 붙여 놓았는데, 그것이 잘못됐다는 사실은 75년이 지난 후에야 밝혀졌다. 그와 함께 그 동안 복원됐던 모든 아파토사우루스들도 머리 수술을 받아야 했다.

★ 세상에 이런 일이!

데이노케이루스(*Deinocheirus*)는 지금까지 발견된 공룡들 중에서 가장 매혹적이면서도 절망감을 안겨 주는 공룡이다. 이 공룡이 존재했다는 단서는 거대한 한 쌍의 다리뿐이다. 사람보다 큰 그 다리에는 고기 써는 칼보다 더 긴 갈고리발톱이 달려 있었다. 이 공룡이 육식 공룡이라면, 완전하게 복원된 모습은 어마어마하게 클 것이다. 그러나 그 화석이 더 발견될 때까지 고생물학자들은 그 모습을 추측만 해 볼 수 있을 뿐이다.

고생물학 퀴즈

공룡을 복원하면서 고생물학자들은 이 일에는 탐정의 자질이 아주 많이 필요하다는 것을 깨달았다. 자, 그러면 여러분도 추리력을 발휘해 다음 문제들을 풀어 보라.

1. 용각류 공룡의 크기

고생물학자들은 거대한 용각류 공룡들이 어떻게 살았는지 설명하기 위해 여러 가지 가설을 발표했다. 다음 가설 중 실제로 과학자가 발표한 것은 어느 것일까?

a) 용각류 공룡들은 몸무게가 너무 많이 나갔기 때문에 체중을 지탱하기 위해 물 속에서 움직여야 했다.

b) 용각류 공룡은 물 속에서 긴 목을 스노클처럼 내놓고 숨을 쉬는 데 사용했다.

c) 용각류 공룡은 뇌가 두 개였다.

2. 오리부리룡류의 볏

　오리부리룡류 공룡들의 머리에 난 특이한 볏의 용도에 대해 과학자들은 여러 가지 주장을 내놓았다. 현재 가장 그럴듯한 설명으로 받아들여지고 있는 것은?

a) 그 볏은 커다란 코와 같은 기능을 했다.

b) 공룡들이 물 속에 있는 동안 호흡기의 역할을 했다.

c) 다른 공룡들에게 신호를 보내는 데 사용했다.

3. 뾰족한 등뼈의 비밀

　고생물학자들은 검룡류 공룡들의 등에 난 뾰족한 골판의 비밀을 푸는 데 어떤 기술을 이용했을까?

a) 토스터

b) 자동차 라디에이터

c) 컴퓨터

4. 수수께끼의 트란실바니아 화석

　트란실바니아에서 곡룡류, 용각류, 오리부리룡류 공룡들이 발견되었을 때, 그것들은 모두 한 가지 공통점을 갖고 있었다. 몸집이 아주 작다는 것이었다. 이 화석들의 몸집이 그렇게 작은 이유는 무엇일까?

a) 그것들은 모두 공룡 새끼 들이었다.

b) 더 큰 종의 공룡들과 접촉할 기회가 없었기 때문에 작았다.

c) 뼈 화석이 줄어들었기 때문이었다.

답 :

1. 세 가지 가설이 모두 발표되었지만, 그 후 모두 옳지 않은 것으로 밝혀졌다.

a) 이 가설은 영국의 과학자 케네스 커맥(Kenneth Kermack)이 만약 용각류 공룡이 물 속에 잠기면 수압 때문에 폐가 짜부라들 것이란 사실을 증명함으로써 흔적도 없이 사라졌다.

b) 용각류 공룡의 긴 목은 물 속에서 호흡을 하는 데 사용된 것이 아니라, 지상의 높은 나무에서 잎사귀를 따먹는 데 사용되었다.

c) 용각류 공룡의 두개골에는 단 하나의 작은 뇌가 들어갈 공간밖에 없었다. 그리고 공룡에게 필요한 뇌도 하나뿐이었다.

꼬리 밑부분에 있는 움푹한 곳은 또 다른 뇌가 들어 있던 공간이 아니라, 신경 접합점이었다.

2. c)

다른 공룡에게 신호를 보내는 데 볏을 사용했다는 주장을 뒷받침하기 위해 일부 과학자들은 오리부리룡류 공룡을 복원하여 모형을 만들었다. 그리고 그것을 바탕으로 오리부리룡류 공룡이 냈을 법한 소리를 컴퓨터로 재현시켰다. 오리부리룡류 공룡은 하나의 음을 일정하게 낼 수가 없었지만, 음의 높낮이는 바꿀 수 있다는 결과가 나왔다.

3. b)

고생물학자들은 스테고사우루스의 등에 난 뾰족한 골판의 용도를 놓고 설전을 오랫동안 벌였지만, 결론이 나지 않았다. 그러다가 1976년에 제임스 팔로(James Farlow)가 깜짝 놀랄 만한 이론을 내놓았다. 그는 스테고사우루스의 골판이 자동차의 라디에이터와 비슷하게 생겼다고 주장했다. 그리고 자동차 라디에이터와 마찬가지 원리로, 과열된 피가 골판 속에서 순환하면서 냉각되었을 것이라고 설명했다.

4. b)

과학자들은 뛰어난 추리력을 발휘해 트란실바니아가 백악기 말기에 섬이었을 것이라고 주장했다. 그 섬에서 고립된 채 살아가던 공룡은 큰 공룡과 경쟁할 일이 없었기 때문에 몸집이 작은 형태로 남아 있었다는 것이다.

위험한 추리

수학 여행에서 돌아온 후에 가장 신나는 일은 수학 여행에서 찍은 사진들을 보는 것이다. 고생물학자도 새로운 공룡 화석을 발견할 때, 그와 비슷한 기쁨을 느낀다.

그러나 여러분은 자신의 수학 여행 사진을 완벽하게 이해하겠지만, 몇백만 년이 지난 후에 누군가 그 사진을 발견한다면 전혀 다른 해석을 할지도 모른다.

화석 조각으로 만든 '조각 사진'들을 보고 완전한 전체 사진을 추리해 내는 것은 보통 어려운 일이 아니다. 그래서 때로는 전혀 엉뚱한 추리를 할 가능성도 높다.

발자국 화석에 대한 잘못된 추리

19세기에 미국 텍사스주의 한 공룡 탐정은 1억 년 전의 바위에서 사람의 발자국으로 생각되는 발자국을 발견했다. 그는 그것이 사람과 공룡이 같은 시대에 살았다는 확실한 증거라고 주장했다. 그러나 그의 추리는 잘못된 것이었다. 그 발자국을 더 자세히 연구한 결과, 그 발자국의 주인은 두 다리로 걸어다닌 공룡이었다.

알 화석에 대한 앤드루스의 실수

로이 채프먼 앤드루스는 프로토케라톱스(*Protoceratops*)의 화석을 14마리나 발견한 직후에 공룡 알 화석을 발굴했다. 그는 그 알들이 프로토케라톱스의 알이라고 생각했다. 그 후, 그 알들 근처에서 또 다른 공룡 한 마리를 발견한 그는 그 공룡이 알을 훔쳐먹으려고 했던 것이 분명하다고 생각했다. 그래서 그것의 이름을 '각룡류를 좋아하는 알 도둑'이란 뜻으로 오비랍토르 필로케라톱스(*Oviraptor philoceratops*)라고 붙였다.

그러나 세월이 한참 지난 후에야 그 알들은 오비랍토르의 알이라는 사실이 밝혀졌다. 1995년, 알 둥지 위에 앉은 채로 죽은 오비랍토르가 발견되면서 고생물학자들은 오비랍토르가 좋은 어미공룡이라고 믿게 되었지만, 한번 누명을 쓴 그 이름은 고쳐지지 않았고, 나쁜 평판도 쉽게 지워지지 않았다.

경찰 수사 일지

베르니사르의 짐승들

최고의 공룡 탐정들조차 공룡 생활에서 특별한 한 가지 사건에 대해서는 명확한 설명을 하지 못하는 경우가 많다. 그것은 바로 죽음에 관한 것이다. 그러면 이제부터 여러분도 고생물학 수사팀에 합류해서 베르니사르의 동물들에게 일어난 미스터리의 사건을 풀어 보기로 하자.

사건 발생 현장 : 벨기에 몽 근처에 위치한 베르니사르의 어느 산골짜기

사건 개요 : 석탄을 캐는 광부들이 지하 300 m에서 작업 도중에 끔찍한 장면을 목격했다. 석탄을 캐기 위해 새로운 터널을 뚫던 중에 대량의 뼈무더기가 발견된 것이다. 그 뼈들은 석탄 퇴적물, 즉 암석 속에 들어 있던 것이 아니라, 골짜기에 널려 있었다. 현장에 출동한 공룡 탐정들은 자세한 조사를 위해서 현장에서 그 뼈들을 채취해 실험실로 가져왔다.

신원 확인 : 모두 이구아노돈이라고 알려진 공룡임.

사망자 수 : 31구의 뼈들이 발견돼 복원되었다. 두 종류의 이구아노돈으로 확인되었는데, 아마도 암컷과 수컷인 것으로 추정된다. 그러나 새끼공룡은 한 마리도 없었다.

사건 발생 시간 : 약 1억 년 전으로 추정됨.

목격자나 참고인 : 현재 생존자 중에는 아무도 없음.

유력한 용의자들

용의자 A — 육식 공룡

한 무리의 육식 공룡들이 초식 공룡인 이구아노돈을 사냥했는지도 모른다. 육식 공룡들은 사냥감을 좁은 골짜기 안으로 몰아넣고 공격했을 것이다.

용의자 B — 자연 재해

홍수 같은 자연 재해 때문에 이구아노돈 무리가 물에 빠져 익사한 다음, 골짜기로 떠내려왔을 수도 있다.

용의자 C — 자연사

범죄 현장에 새끼공룡이 없는 것으로 미루어보아 그 골짜기가 이구아노돈의 무덤이었을 가능성도 있다. 늙은 이구아노돈이 그 골짜기에 와서 최후를 맞이했던 것 같다.

누가 범인일까?
세 가지 추리 모두 가능성이 있다. 그러나 그 중 어느 것이 확실히 옳다고 증명할 길이 없다. 여러분이 생각해 낸 다른 가설이 맞을 수도 있다. 어쩌면 여러분 중 누군가 베르니사르의 공룡 살해 사건을 해결하는 주인공이 될지도 모른다.

공룡에 관한 가장 큰 논란

공룡에 대한 단서가 많을수록 더 많은 것을 알아 내는 데 도움이 될 것이다. 그러나 공룡에 관한 가장 큰 논쟁에서는 그것도 별 도움이 되지 않는다.

공룡이 파충류처럼 변온 동물인지, 아니면 포유류처럼 정온 동물인지를 놓고 고생물학자들은 열띤 설전을 벌여 왔다. 파충류인 도마뱀과 포유류인 사람을 연구한 결과는 이 두 종류의 동물은 생활 방식이 전혀 다르다는 것을 보여 준다.

파충류는 대개 해안이나 사막 지역에서 산다. 파충류는 낮 동안에는 몸을 따뜻하게 하기 위해 햇볕을 쬐고, 온도가 떨어져 활동하기 적합하지 않은 밤에는 휴식을 취한다.
파충류 중에는 죽은 고기를 먹는 청소부 동물과 육식 동물 그리고 초식 동물이 있다.

포유류

포유류는 주로 육지에서 살고, 낮이든 밤이든 활동을 할 수 있다. 초식 동물도 있고, 육식 동물도 있다.

고생물학이 시작된 초기에는 모두 공룡은 변온 동물이고, 흉측하게 생겼고, 움직임이 느리다고 생각했다. 그래서 어떤 종은 '우둔한 도마뱀'이란 뜻으로 모로사우루스(*Morosaurus*) 란 이름이 붙기도 했다.

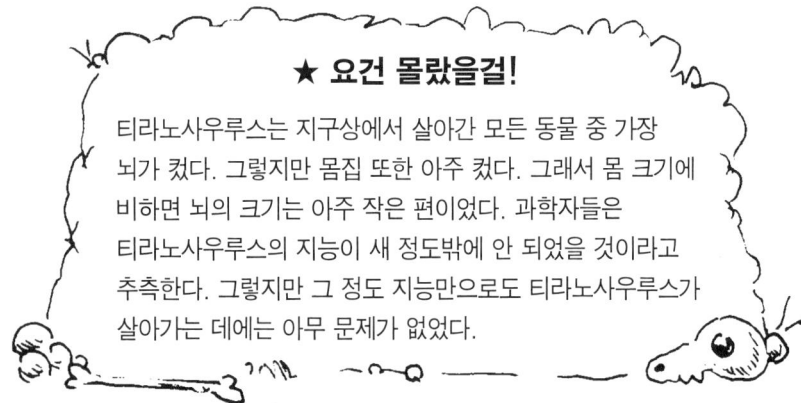

★ 요건 몰랐을걸!

티라노사우루스는 지구상에서 살아간 모든 동물 중 가장 뇌가 컸다. 그렇지만 몸집 또한 아주 컸다. 그래서 몸 크기에 비하면 뇌의 크기는 아주 작은 편이었다. 과학자들은 티라노사우루스의 지능이 새 정도밖에 안 되었을 것이라고 추측한다. 그렇지만 그 정도 지능만으로도 티라노사우루스가 살아가는 데에는 아무 문제가 없었다.

용각류와 몸집이 큰 다른 공룡들을 연구한 초기의 고생물학자들은 모든 공룡을 변온 동물인 파충류로 분류했다.

그런데 약 30년 전에 전혀 다른 종류의 공룡이 발견되면서 공룡이 파충류라는 주장에 의문이 제기되었다. 스테노니코사우루스(Stenonychosaurus)는 큰 뇌와 아주 큰 눈을 가졌으며, 두 다리로 걸어다닌 육식 공룡이었다. 이 공룡의 화석은 공룡들이 정온 동물일지도 모른다는 가설을 뒷받침해 주었다.

여러분 생각은 어때? 최종 결론을 내리기 전에 최신 증거들을 들으면 공룡이 정온 동물인지 변온 동물인지 결정을 내리는 데 도움이 될 것이다.

거대한 초식 공룡이 변온 동물이었다면, 머리나 폐 등의 기관에 혈액을 공급하기 위해 심장 또한 아주 커야 했을 겁니다. 만약 그 심장이 오늘날의 파충류의 심장과 비슷한 구조를 가졌다면, 이 경우 필연적으로 폐에 큰 손상을 입히게 됩니다.

용각류 공룡의 심장이 둘로 나뉘어 있었다면, 그래서 하나는 폐로, 또 하나는 머리와 몸통으로 혈액을 공급했다면, 아무 문제가 없었겠죠. 오늘날의 포유류처럼 말입니다.

네, 그렇죠. 하지만, 그런 동물들은 모두 정온 동물입니다. 또, 신타르수스라고 하는 육식 공룡의 뼈 세포와 혈관은 오늘날의 조류나 포유류와 유사합니다.

현재로서는 양측 주장 중 어느 쪽이 확실하게 옳다는 결론이 나올 것 같지 않다. 다만, 한 가지는 확실하다. 앞으로도 고생물학자들이 계속 열띤 논쟁을 벌이고, 상대방의 논리를 부정하기 위해 온갖 노력을 기울일 것이라는 점!

그러나 이 문제를 놓고 아무리 격론이 벌어진다 해도, 공룡 역사상 최대의 미스터리를 놓고 벌어진 논쟁에는 미치지 못할 것이다. 그것은 바로 공룡들에게 무슨 일이 일어났는가 하는 것이다.

공룡은 어떻게 사라졌는가?

무슨 일이 일어났을까?

 공룡들에게 무슨 일이 일어났는지 알아보기 위해 백악기 말기인 6500만 년 전으로 돌아가 보자.

 여느 날과 다름없는 평온한 북아메리카의 평원…. 초식 공룡 한 무리가 육식 공룡의 습격에 대비해 사방을 두리번거리고 있다. 파라사우롤로푸스가 내는 괴성과 트리케라톱스가 우적우적 씹어 대는 소리가 허공에 울려 퍼지고 있다.

 이 공룡들은 수백만 년 동안 해 온 방식대로 생활하고 있는 것이다. 물론 변화도 있었다. 그 동안에 사라져 간 종도 있었고, 달라진 환경에 더 잘 적응하게끔 진화한 종도 있었다. 지평선 너머로 석양이 지는 모습을 바라보면서 공룡들은 자신들이야말로 환경에 가장 이상적으로 잘 적응한 종이라고 자신하면서 내일도 평온한 하루를 맞이할 준비를 한다. 그들 앞에 무슨 일이 닥칠지 까마득히 모른 채….

그들에게 무슨 일이 일어났는가?

공룡 시대를 끝나게 한 어떤 일이 일어난 것이 분명하다는 데에는 모든 과학자들이 동의한다. 1억 5000만 년이 넘는 오랜 세월 동안 공룡은 지구상에서 가장 큰 성공을 거둔 동물이었다. 그런데 그 때, 거대한 초식 공룡들을 쓰러뜨리고, 스테노니코사우루스 같은 영리하고 날렵한 공룡도 미처 피할 수 없고, 가장 포악한 티라노사우루스마저 꼼짝 못 하고 당할 수밖에 없었던 엄청난 일이 일어났다.

모든 공룡들이 한 종도 남지 않고 멸종한 반면(날아다니거나 바다에 사는 많은 파충류도 함께), 포유류와 거북, 개구리 등이 살아남았다는 것도 이해할 수 없는 일이다.

더욱 이상하고 알 수 없는 것은 바다악어는 멸종한 반면, 강에 사는 그 사촌들은 살아남았다는 사실이다.

아무리 해도 풀리지 않는 이 미스터리는 오랜 세월 동안 고생물학자들을 괴롭혀 왔다. 과학자들은 어떻게든 그 수수께끼를 풀어 보려고 황당한 주장을 펼치기도 했다.

가장 유력한 이론

대부분의 사람들이 이러한 주장에 대해 별로 믿지 못하겠다는 반응을 보이자, 고생물학자들은 또 다른 가설들을 내놓았다. 그러면 다음 가설 중에서 현재 가장 유력한 것으로 받아들여지는 것은 어느 것인지 한번 알아맞혀 보라.

1. 화산 폭발로 지구의 온도가 급상승했고, 공룡 알들이 모두 불에 익어 버렸다.

2. 외계에서 날아온 물체가 지구에 충돌했다.

3. 대륙의 이동으로 지구의 기온이 크게 내려갔다.

4. 강렬한 태양 자외선이 내리쬐어 공룡들이 시력을 잃고, 식물이 죽고, 극심한 가뭄이 닥쳤다.

답 : 2

 이것은 터무니없는 주장이 아니다. 많은 과학자들은 지구에 소행성이 충돌한 결과로 공룡이 멸종했다고 생각한다.
 태양계에는 소행성이라고 하는 크고 작은 암석덩어리들이 수많이 돌고 있다. 소행성은 가끔 행성 근처를 지나가다가 행성의 중력에 끌려 행성과 충돌하는데, 그 때에는 엄청난 재앙을 가져온다.

 소행성이 지구와 충돌한 사건은 공룡들에게 심각한 문제를 초래했을 것이다. 과학자들은 그 충돌의 파괴력이 오늘날 지구에 존재하는 모든 핵 폭탄을 폭발시킨 것보다 1만 배나 강했다고 주장한다. 이 시나리오에 따르면, 충돌 직후 처음 몇 시간 동안에 공룡들은 다음과 같은 일들에 마주쳤을 것이다.

1. 강한 지진이 일어나서 지구 표면에 거대한 균열이 생겼다.
2. 전세계에서 엄청난 해일이 일어나 육지를 뒤덮으면서 모든 것을 삼켜 버렸다.
3. 강한 돌풍 때문에 불길이 퍼져 나가 나무와 숲이 모두 타 버렸다.

그런데 이것은 시작에 불과하다….

그런 끔찍한 상황에서 살아남은 공룡이 있다 하더라도, 더 끔찍한 일이 그들을 기다리고 있다. 그것은 바로 죽음의 먼지 구름이다.

소행성이 지구에 충돌한 충격으로 엄청난 먼지 구름이 일어나 지구의 대기권 상공까지 피어 올랐다. 그 결과, 며칠 안에 햇빛은 완전히 차단되어 지구는 암흑 세계로 변했다. 이런 상태가 몇 년 동안 계속되었을 것이다. 햇빛이 없으니 식물도 모두 죽고, 그와 함께 식물을 먹고 사는 공룡들도 모두 죽었다. 초식 공룡이 모두 죽으면, 그것을 먹고 사는 육식 공룡 또한 같은 운명의 길을 걷게 된다. 따뜻한 햇볕을 받지 못한 변온 동물들은 차츰 체온이 차가워져 역시 모두 죽어 갔다.

결정적인 증거

정말 스케일이 큰 대단한 가설이지? 그러나 최근까지만 해도 이것은 단지 많은 가설 중 하나일 뿐이었다. 20여 년 전까지만 해도 이 가설에는 한 가지 결점이 있었다. 거대한 소행성이 지구에 충돌했다는 증거를 전혀 찾을 수 없었던 것이다.

그런데 1980년 6월, 루이스 알바레즈(Luis Alvarez) 교수와 그의 아들이 수 년간에 걸친 연구 결과를 발표하자, 상황은 돌변했다.

소행성에는 이리듐(iridium)이라고 하는 금속 원소가 포함돼 있는데, 그것은 지구에서는 거의 발견되지 않는 원소이다. 그런데 공룡 연구에 푹 빠졌던 알바레즈 부자가 공룡들이 멸종한 시기와 일치하는 지층에 이리듐이 정상치보다 훨씬 많이 포함돼 있다는 사실을 발견했다. 그들은 그것이 지구에 충돌한 소행성에서 나온 것이라고 주장했다.

그러나 여전히 의문을 제기하는 사람들이 있었다.

1996년, 이 의문에 대한 답으로 여겨지는 것이 발견됐다. 멕시코 앞바다의 해저에서 지름 200 km가 넘는 크레이터(운석이 충돌해 생긴 구덩이)가 발견된 것이다.

어때? 이제 좀 믿음이 가는가? 아직도 믿을 수 없다고? 고생물학자들은 단지 여러 가지 단서를 찾아 가장 그럴듯한 설명을 제시할 뿐이다. 누군가 타임 머신을 발명하지 않는 한, 우리는 공룡이 멸종한 확실한 이유를 알 수 없을 것이다. 그렇지만 한편으로는 고생물학자들이 다양한 가설을 생각할 여지가 많다는 것은 다행인 셈이다. 가끔 터무니없는 주장을 하는 사람들도 있지만. '소행성 충돌설'에 반대하는 이유 중 하나는 공룡들 전부가 완전히 멸종하는 데 수백만 년이라는 시간이 걸렸다는 사실 때문이다. 즉, 순식간에 모든 공룡이 사라져 버린 것은 아니다.

남의 불행은 곧 나의 행복

공룡의 멸종은 지구상에 살아남은 다른 동물들에게는 그야말로 희소식이었다. 지구를 지배하던 공룡이 사라지자, 다른 동물들에게 갑자기 진화의 길이 활짝 열렸고, 새로운 종의 동물들이 나타나 적응하여 결국 공룡의 자리를 대신했다.

공룡의 거대한 그늘 뒤에서 뒤쥐처럼 생긴 작은 포유류가 나왔다. 이 동물들은 공룡이 지배하던 시절에도 너무 작아서 아무도 신경을 쓰지 않았을 것이다. 그렇지만 이것들은 수백만 년 이상 단지 살아남기만 한 것이 아니라, 진화를 거듭하여 결국 지구를 지배하는 사람이라는 동물로 나타났다.

맺는 말

공룡의 종류는 얼마나 많았을까? 공룡은 정온 동물일까, 변온 동물일까? 초식 공룡인 피나코사우루스(*Pinacosaurus*)는 왜 코 위에 두 개의 작은 구멍이 있었을까? 공룡들이 사라진 이유는 무엇일까?

이런 질문에 분명한 대답을 할 수 있는 사람은 아무도 없다. 그렇지만 그렇기 때문에 공룡 탐정들이 여전히 바쁘고, 고생물학자들은 더욱더 공룡에 깊이 빠져든다. 또한, 바로 풀리지 않는 수수께끼들 때문에 공룡들은 수천만 년 전에 멸종했는데도, 지금까지 우리 머릿속에 살아 있는 것이다. 실제로 아직도 공룡은 신문의 헤드라인을 장식하고 있다.

수코미무스—거대한 육식 공룡

새로 발견된 길이 11 m의 뼈 화석은 1억 년 전 아프리카에서 살았던 새로운 종의 육식 공룡임이 밝혀졌다. 수코미무스(*Suchomimus*)라는 이 공룡은 미끌미끌한 먹이를 잡는 데 이상적인 날카로운 원뿔 모양의 이빨을 갖고 있었다. 이것을 근거로 고생물학자들은 이 공룡이 물고기를 잡아먹고 산 육식 공룡이라고 생각한다.

엄청나게 비싼 티라노사우루스

지금까지 발견된 것 중 가장 큰 티라노사우루스가 최근 어마어마한 가격에 팔렸다. 뉴욕의 경매 시장에서 시카고필드 자연사박물관은 기록적인 액수인 810만 달러(약 100억 원)를 주고 그 화석을 사들였다.

> **티타노사우루스의 새끼들**
> 남아메리카에서 티타노사우루스(*Titanosaurus*)가 둥지를 트던 장소가 그 알과 함께 발견되었다. 2.5 km²에 이르는 넓은 그 장소에서는 아파토사우루스의 친척뻘인 티타노사우루스의 알 수백 개가 발견되었다.
> 고생물학자들은 알 속에서 부화하던 새끼에게 이미 뼈와 이빨, 가죽이 발달했음을 확인했다.

공룡이 처음 발견되었을 때, 과학자들은 공룡을 볼썽사납게 생긴 우둔한 동물로 생각했다. 그러나 이제 우리는 공룡이 지구상에서 가장 큰 성공을 거둔 동물이라는 사실을 알게 되었다. 새로운 발견이 이루어질 때마다 공룡의 생활 방식에 대한 더욱 놀라운 사실이 밝혀질 것이다. 또, 그와 함께 새로운 가설도 나올 것이다.

우리는 공룡이 성공을 거둔 생활 방식과 또 멸종해 간 것에서 뭔가를 배울 수 있을 것이다. 아무것도 배우지 못한다면,

수백만 년 후, 화석 연구의 대상은 공룡이 아니라, 바로 우리 자신이 될지도 모른다.

앗, 시리즈 (전 70권)

앗, 이렇게 재미있는 수학이!
어렵고 지루했던 수학이 순식간에 쉽고 즐거워집니다. 수학의 기초 원리에서부터 응용까지, 다양한 정보와 교양을 골라서 일목요연하게 정리해 줍니다.

01 수학이 모두 모여 수군수군
02 수학이 수리수리 마술이
03 수학이 수군수군
04 수학이 또 수군수군
05 수학이 자꾸 수군수군 1. 셈
06 수학이 자꾸 수군수군 2. 분수
07 수학이 자꾸 수군수군 3. 확률
08 수학이 자꾸 수군수군 4. 측정
09 대수와 방정맞은 방정식
10 도형이 도리도리
11 섬뜩섬뜩 삼각법
12 이상야릇 수의 세계
13 수학 공식이 꼬물꼬물
14 수학이 꿈틀꿈틀

앗, 시리즈 (전 70권)

앗, 이렇게 재미있는 과학이!

어렵고 지루했던 과학이 순식간에 쉽고 즐거워집니다.
복잡한 현대 과학의 기초 원리에서부터 응용까지
다루고 있으며, 다양한 정보와 교양을 골라서
일목요연하게 정리해 줍니다.

15 물리가 물렁물렁
16 화학이 화끈화끈
17 우주가 우왕좌왕
18 구석구석 인체 탐험
19 식물이 시끌시끌
20 벌레가 벌렁벌렁
21 동물이 뒹굴뒹굴
22 화산이 왈칵왈칵
23 소리가 슥삭슥삭
24 진화가 진짜진짜
25 꼬르륵 뱃속여행
26 두뇌가 뒤죽박죽
27 번들번들 빛나리
28 전기가 찌릿찌릿
29 과학자는 괴로워?

30 공룡이 용용 죽겠지
31 질병이 지끈지끈
32 지진이 우르쾅쾅
33 오싹오싹 무서운 독
34 에너지가 불끈불끈
35 태양계가 티격태격
36 튼튼탄탄 내 몸 관리
37 똑딱똑딱 시간 여행
38 미생물이 미끌미끌
39 의학이 으악으악
40 노발대발 야생동물
41 뜨끈뜨끈 지구 온난화
42 생각번뜩 아인슈타인
43 과학 천재 아이작 뉴턴
44 소름 돋는 과학 퀴즈

앗, 시리즈 (전 70권)

앗, 이렇게 재미있는 사회·역사가!

어렵고 지루했던 사회·역사가 순식간에 쉽고 즐거워집니다. 사회·역사와 담을 쌓았던 친구들에게 생생한 학습 의욕을 불어넣어 줄, 꼭 필요한 정보와 교양만을 골라서 일목요연하게 정리해 줍니다.

- 45 바다가 바글바글
- 46 강물이 꾸물꾸물
- 47 폭풍이 푸하푸하
- 48 사막이 바싹바싹
- 49 높은 산이 아찔아찔
- 50 호수가 넘실넘실
- 51 오들오들 남극북극
- 52 우글우글 열대우림
- 53 올록볼록 올림픽
- 54 와글와글 월드컵
- 55 파고 파헤치는 고고학
- 56 이왕이면 이집트
- 57 그럴싸한 그리스
- 58 모든 길은 로마로
- 59 아슬아슬 아스텍
- 60 잉카가 이크이크
- 61 들썩들썩 석기 시대
- 62 어두컴컴 중세 시대
- 63 쿵쿵쾅쾅 제1차 세계 대전
- 64 쾅쾅탕탕 제2차 세계 대전
- 65 야심만만 알렉산더
- 66 위풍당당 엘리자베스 1세
- 67 위엄가득 빅토리아 여왕
- 68 비밀의 왕 투탕카멘
- 69 최강 여왕 클레오파트라
- 70 만능 천재 레오나르도 다 빈치